古抄本群書治要二種

金澤文庫本 群書治要

圖版

八

〔唐〕魏徵 等撰
江曦 校理
潘銘基 解題

上海古籍出版社

本册目録

圖版

群書治要卷第四十五……三一四三

崔寔政論……三一四五

闕題……三一四五

制度……三一五二

足信……三一五八

足兵……三一六一

用臣……三一六四

内恕……三一七一

去煞……三一七六

仲長子昌言……三一七九

德教……三一七九

損益……三一八四

法誡……三一八五

教禁……三一九〇

中制……三一九五

拾遺……三二〇〇

性行……三二〇四

議難……三二〇七

群書治要卷第四十六……三二一七

申鑒……三二一九

政體……三二一九

時事……三二三〇

雜言上……三二三三

雜言下……三二三九

中論……三二四〇

法象……三二四〇

脩本……三二四一

虚道……三二四四

貴驗……三二四九

覈辯……三二五二

爵禄……三二五三

務本……三二五五

審大臣……三二五九

亡國……三二六〇

賞罰……三二六六

復三年……三二六八

制役……三二七一

典論……三一七五
姦讒……三一七五
内誡……三一八三
群書治要卷第四十七……三一八九
劉廙別傳（政論）……三一九一
備政……三一九一
正名……三一九九
愼愛……三二〇一
審愛……三二〇三
欲失……三二〇四
疑賢……三二〇五
任臣……三二〇八
下視……三二一二
蔣子萬機論……三二一三
政略……三二一三
刑論……三二一五
用奇……三二一六
世要論（政要論）……三二二二
爲君難……三二二二
臣不易……三二二九
本治……三二三七
政務……三二四〇
節欲……三二四一
詳刑……三二四四
兵要……三二四七
辨能……三二四九
尊嫡……三二五二
諫爭……三二五四
決壅……三二五七
讃象……三二六〇
銘誄……三二六一
序作……三二六三
群書治要卷第四十八……三二六七
體論……三二六九
君體……三二六九
臣體……三二八三
行體……三二九四
政體……三二九七
法體……三三〇二
時務論……三三〇八
審察計謀……三三〇八
斷忠臣國……三三一三

典語……三四一八
重爵……三四一八
清治……三四二一
君道……三四二三
臣職……三四二五
任賢……三四二六
料才……三四三〇
通變……三四三二
恤民……三四三六

群書治要卷第四十九……三四四一

傅子……三四四三
治體……三四四三
舉賢……三四四五
授職……三四五二
校工……三四五四
檢商賈……三四五六
仁論……三四六一
義信……三四六三
禮樂……三四六六
法刑……三四六九
重爵禄……三四七二
平役賦……三四七七
貴教……三四八一
戒言……三四八四
正心……三四八六
通志……三四九一
曲制……三四九八
安民……三四九九
考仁……三五〇五
問政……三五〇五
問刑……三五〇六
信道……三五〇八
矯違……三五〇九
治正……三五一二
假言……三五一二

群書治要卷第五十……三五一七

袁子正書……三五一九
體政……三五一九
經國……三五二三
設官……三五二七
政略……三五三〇
論兵……三五三三

王子主失……三五三八
厚德……三五四四
用賢……三五四六
悅近……三五四九
貴公……三五五二
治亂……三五五五
損益……三五六二
世治……三五六三
刑法……三五六五
人主……三五七〇
致賢……三五七一
明賞罰……三五七二
抱朴子……三五七五
酒誡……三五七五
疾謬……三五八三
刺驕……三五八八
博喻……三五九二
廣譬……三五九三

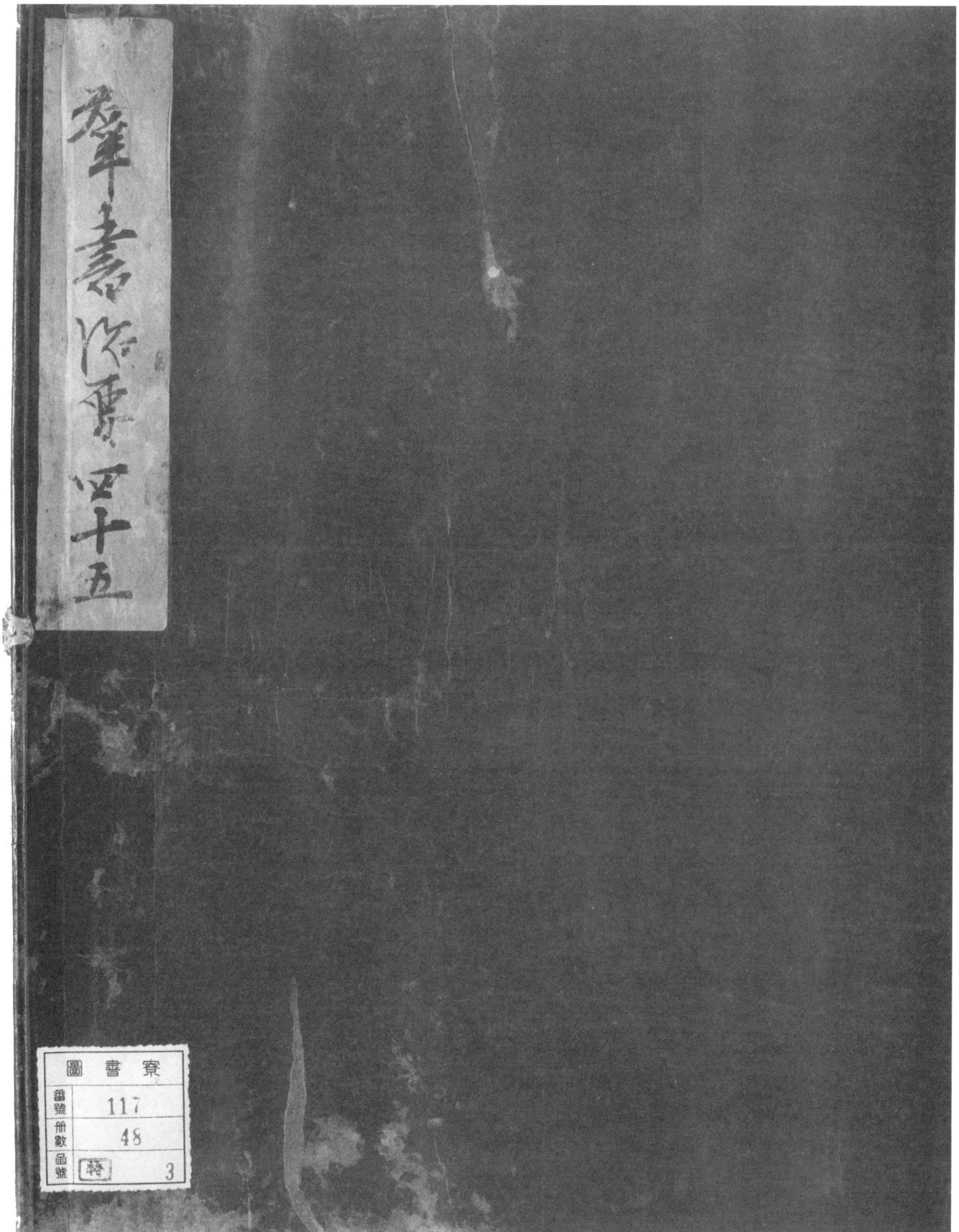
群書治要　四十五
圖書寮
番號　117
冊數　48
函號　特　3

【第一紙】

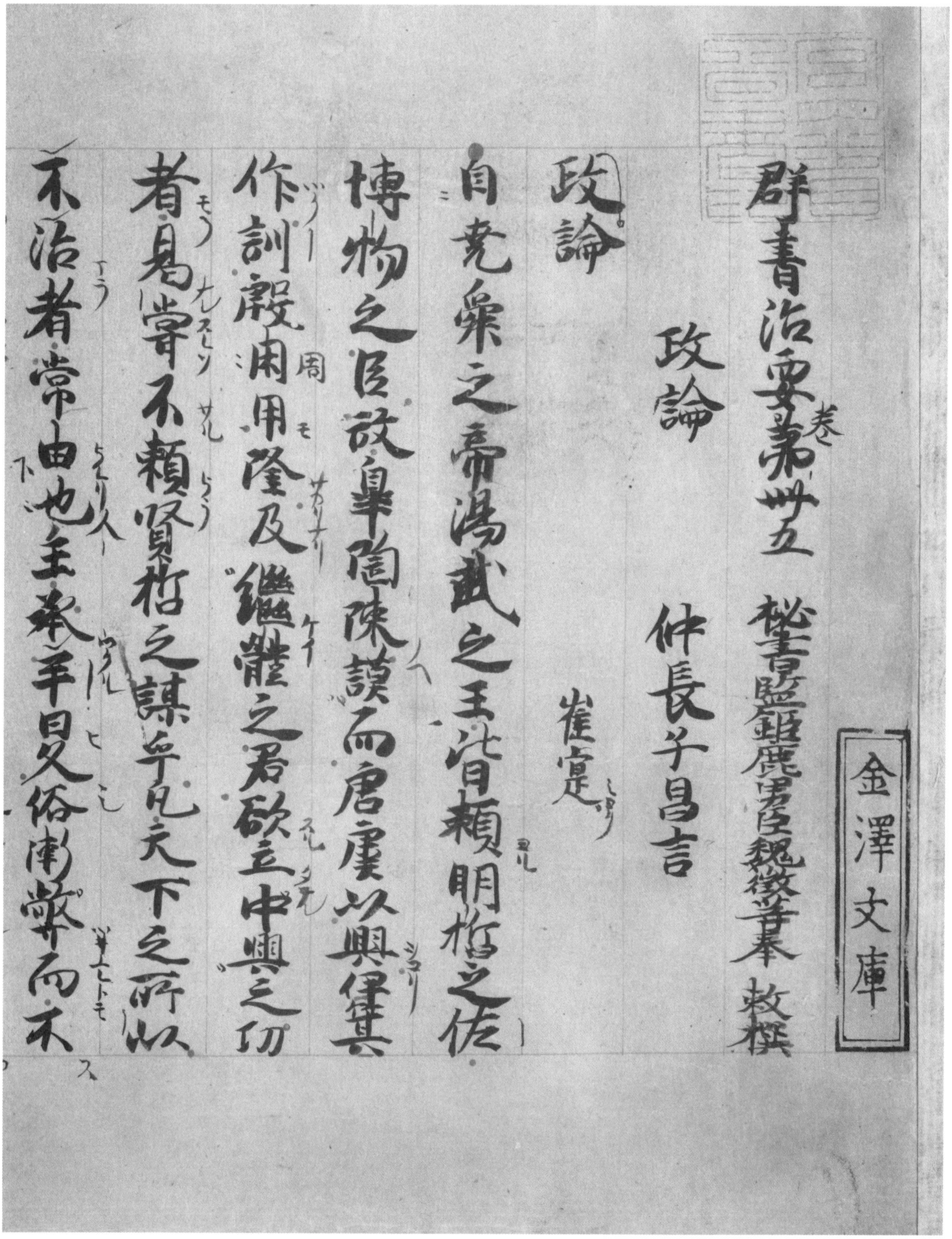
群書治要巻第卌五　祕書監鉅鹿男臣魏徵等奉　勅撰
政論　仲長子昌言
政論　崔寔
自堯舜之帝湯武之王皆賴明哲之佐
博物之臣故皐陶陳謨而唐虞以興伊箕
作訓而殷周用隆及繼體之君欲立中興之功
者曷甞不賴賢哲之謀乎凡天下之所以
不治者常由世主承平日久俗漸敝而不

不治者常由世主承平日久俗漸弊而不
寤政浸衰而不改習亂安危逸不自覩
或荒耽耆欲不恤萬機或耳蔽箴誨厭僞忽
眞或猶豫岐路莫適所從或見信之佐括
囊守祿或疏遠之臣言以賤廢是以王綱
縱弛於上智士鬱伊於下悲夫且守文之
君繼陵遲之緒譬諸乘弊車矣當求巧
使輯治之折則接之緩則契之補琢換易
可復為新〻〻不已用之無窮若遂不治因而

【第二紙】

一説補組決
可復爲新々不已用之無窮若遂不治因而
繫之權柱撐拒亦無可奈何矣若武丁
之獲傅說宣王之得申甫是則其巧也
今朝廷以聖哲之姿龍飛天衢大臣輔政
將成斷金誠宜有以滿天下望稱兆民
之心年穀豐稔風俗未乃美風俗者國
之脉診也誠未足爲休書曰雖休勿
休況不休而可休乎且濟時救世之術豈
必體堯蹈舜然後乃治哉期於補綻決

必體堯蹈舜然後乃治哉期於補綻決壞枝柱邪傾隨形裁割取時君所能行要措斯世於安寧之域而已故聖人執權遭時定制步驟之差各有云施不強人以不能背所急而慕所聞也昔孝武皇帝策書曰三代不同法所由殊路而建德一也蓋孔子對葉公以來遠哀公以臨民景公以節禮非其不同所急異務也然疾俗人拘文牽古不達權制奇偉所聞簡

【第三紙】

俗人拘文牽古不達權制奇偉所聞簡
忽所見策不見珍計不見信夫人既不
知善之為善又將不知不善之為不善焉
足與論家國之大事哉故每有言事頗
合聖聽者或下群臣令集議之雖有可採
輒見掎奪何者其頑士闇於時權安習
所見殆不知樂成況可與慮始心閉意
塞不知所云則苟且宜率由舊章其達
者或矜名嫉能恥善策不從己出則舞

【第三紙】

者或矜名嫉能恥善策不從己出則舞筆奮辭以破其義寡不勝衆遂見擯棄雖稷契復存由將困焉斯賈生之所以排於絳灌弔屈乎以舒憤者也夫以文帝之明賈生之賢絳灌之忠而有此患況其餘哉況其餘哉且世主莫不願得尼軻之倫以爲輔佐卒然獲之未必珍也自非題牓其面曰魯孔丘鄒孟軻殆必不見敬信何以明其然也此二者善已存於上矣當

何以明其然也此二者善已存於上矣當
時皆見薄賤而莫能任用困厄削逐待放
不追勞辱勤瘁為豎子所議笑其故何
也夫淳淑之士固不曲道以媚時不詭行
徼名恥鄉原之譽絀比周之黨而世主凡
君明不能別異量之士而適足受讒潤之
愬前君既失之於古後君又蹈之於今是
以命世之士常抑於當時而見思於後人以往
揆來亦何容易向使賢不肖相去如泰山

【第四紙】

捄末亦何容易向使賢不肖相去如泰山之與蟻垤策謀得失相覺如日月之與螢火雖頑嚚之人猶能察焉常患賢佞難別是非倒紛始相去如毫氂而禍福差以千里故聖君明主其猶慎之

制度

夫人之情莫不樂富貴榮華美服麗飾鏗鏘眩燿芬芳嘉味者也晝則思之夜則夢焉唯斯之務無須臾不存於心猶急水之歸下川之赴壑不厚為之制度則皆侈服王

下川之赴壑不厭爲之制度則皆僭服王
食僭至尊踰天制矣是故先王之御世也
必明法度以閑民欲崇隄防以禦水害法
度替而民散亂隄防墮而水泛溢頃者法
度頗不稽古而舊號網漏吞舟故庸夫設
藻梲之飾匹豎享方丈之饌下僭其上尊
卑無別礼壞而莫救法墮而不恒斯蓋有
識之士所爲歎息而憎歎者也律令雖有輿
服制度然斷之不自其源禁之又不密今

【第五紙】

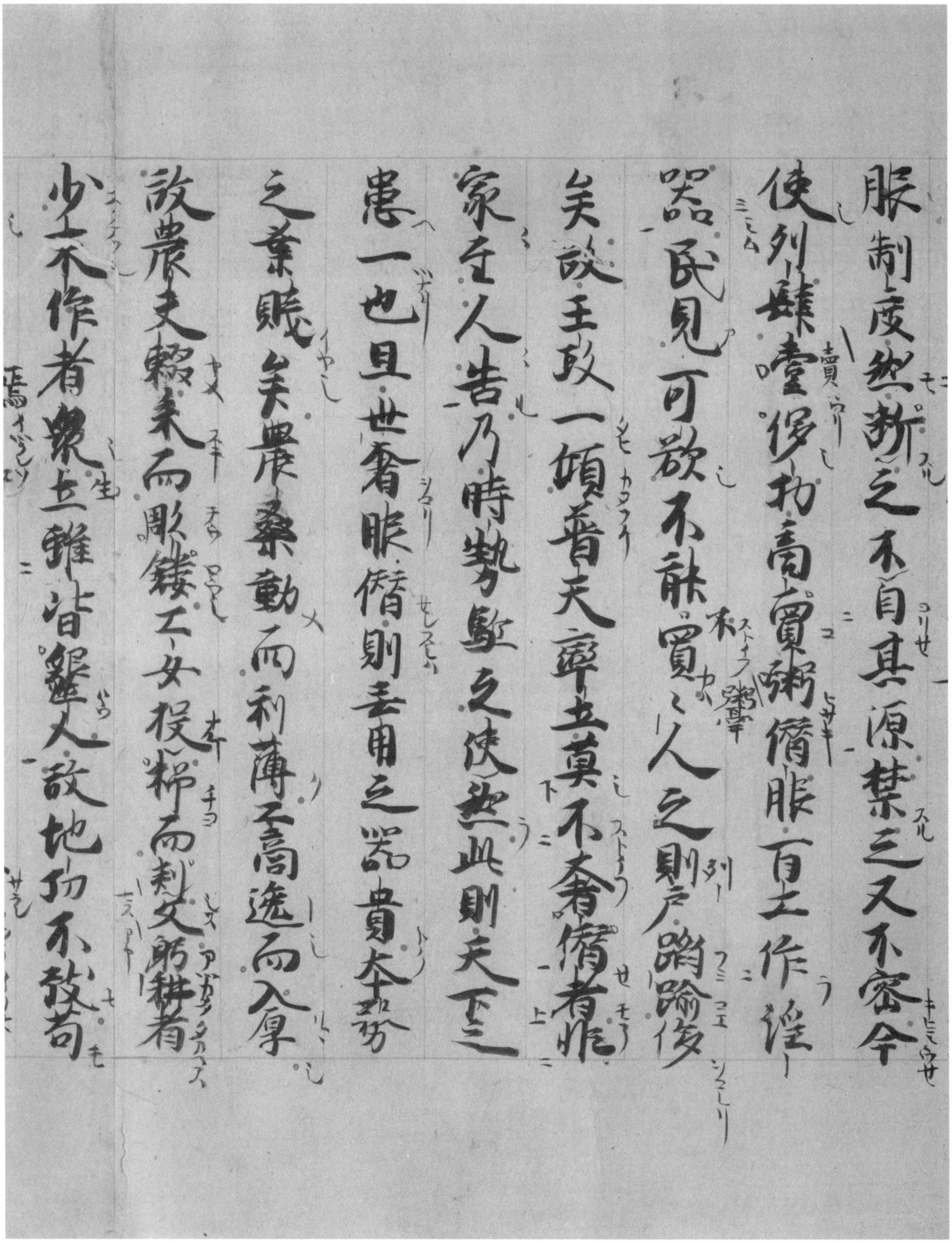
服制度然斷之不自其源禁之又不密今使列肆賣侈功商賈鬻僭服百工作淫器民見可欲不能不買賈人之列戶蹈僭侈矣故王政一傾普天率土莫不奢僭者非家至人告乃時勢驅之使然此則天下之患一也且世奢服僭則無用之器貴本務之業賤矣農桑勤而利薄工商逸而入厚故農夫輟耒而彫鏤工女投杼而刺文躬耕者少末作者衆生土雖皆墾乂故地功不致苟

【第五紙】

少不作者衆，地雖皆墾，人故地功不致，苟
無力稼，焉得有年。財鬱蓄而不盡出，百
姓窮匱而為姦寇，是以倉廩空而囹圄
實。一穀不登，則飢餒流死，上下俱匱，無
以相濟。國以民為根，民以穀為命，命〻盡則根
〻拔〻〻則本顛，此最國家之毒憂，可為熱者
也。斯則天下之患一也。法度既墮，輿服無限，婢
妾皆戴瑱揥之飾，而被織文之衣，乃送終
之家亦無法度，至用襦梓黃腸，多藏寶貨

瑱 他見反 以玉充耳也
揥 丁替反 釵也
襦

檽　此字不明可作檽也檽若豫章也好之之

之蒙亦無法度至用檽梓黃腸多藏寳貨
享牛作倡高墳大寝是可忍也孰不可忍
而俗人多之咸稱孝子天下跂慕耻不相逮念親
將終無以奉遣乃約其供養豫脩亡歿之
備老親之飢寒以事淫泆之華稱竭家盡
業甘心而不恨窮阨既迫為盜賊拘執陷
罪為世大戮痛乎化俗之刑陷愚民也且
橋梓之貢堯舜所不御山龍華蟲帝王
不以為褻服今之臣妾清餘無有而猒文

【第六紙】

不以為褻朕今之臣妾皆餘黨耳而猒文
繡者蓋以萬數矣其餘稱此不可勝記古
者墓而不墳文武之兆與平地齊今豪民
之墳已千坊矣欲民不匱誠亦難矣是
以三[illegible]懲〻人比汲〻求綢者閔內憂窮竭故
在位者則犯王法以聚斂愚民則冒罪戮
以為健俗之壞敗乃至於斯此天下之患三
也兼三患之數繼嚮頹之緒而徒欲修故而
無廷改雖唐虞復存無益於治亂也昔聖

無違政雖虐虞復存無益於治亂也昔聖王之處深患民情之難防憂奢淫之害政乃塞其源以絕其末深其刑而重其罰夫善堙川者必杜其源善防姦者必絕其萌昔子產相鄭殊尊卑異章服而國用治豈大漢之明主曾不如藩之陪臣在脩之与不爲耳

足信

易曰言行君子所以動天地也仲尼曰人而無信不知其可今官之接民甚多違理苟解

【第七紙】

信不知其可今官之接民甚多違理苟解
面前不顧先哲作使百工及從民市輙設
計加以誘來之器成之後更不與直老弱
凍餓痛號道路守闕告哀終不見省歷
年累歲乃纔給之又云逋直請十與三此
逋直豈物之罪耶不自咎責反復滅之
冤抑酷痛足之感和氣既尒復卒弊敗之物
與之至有車輿故謁者冠幘賈之則莫取服
之則不可甚餘雜物略皆此輩是以百姓

【第七紙】

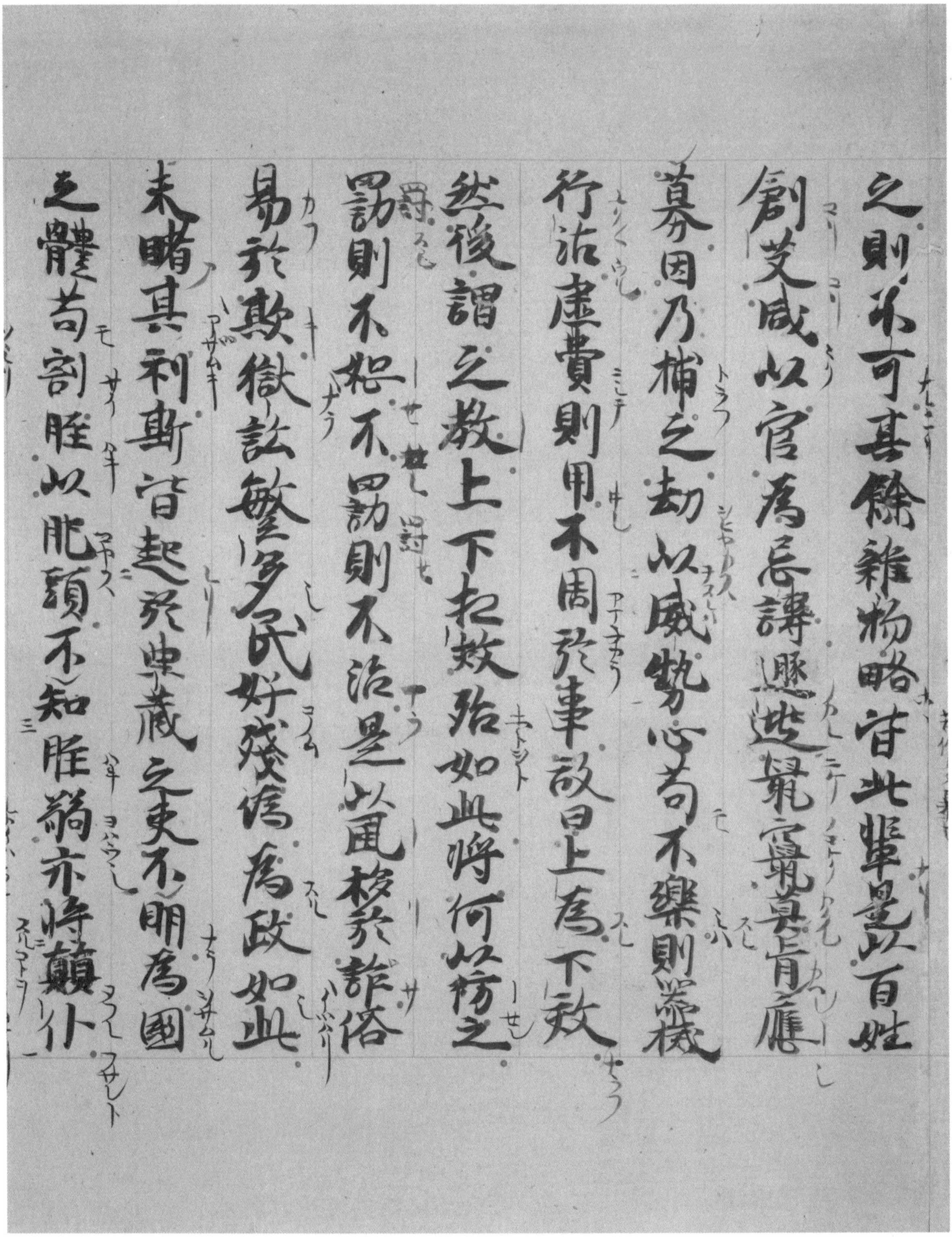
之則不可甚餘雜物略皆此輩是以百姓創艾咸以官為忌諱遯逃鳥竄莫肯應募因乃捕之劫以威勢心苟不樂則器械行沽虜費則用不周於事故曰上為下效然後謂之教上下相效殆如此將何以防之罰則不恕不罰則不治是以風移於詐俗易於欺獄訟繁多民好殘偽為政如此未睹其利斯皆起於典藏之吏不明為國之體苟割脛以肥頭不知脛弱亦將顛仆

之體苟割脛以肥頭不知脛弱亦將顛仆
也禮譏聚斂之臣詩曰貪人敗類蓋傷之
也

足兵

傳曰工欲善其事必先利其器舊時永平
建初之際去戰攻未久朝廷留意於武備
財用優饒主者躬親故官兵常牢勁精
利謝蔡大僕之弩及龍亭九年之劔至
今擅名天下頃主者既不敕慎而詔書又
誤進入之賓貪饕之吏競約其財用狡

【第八紙】

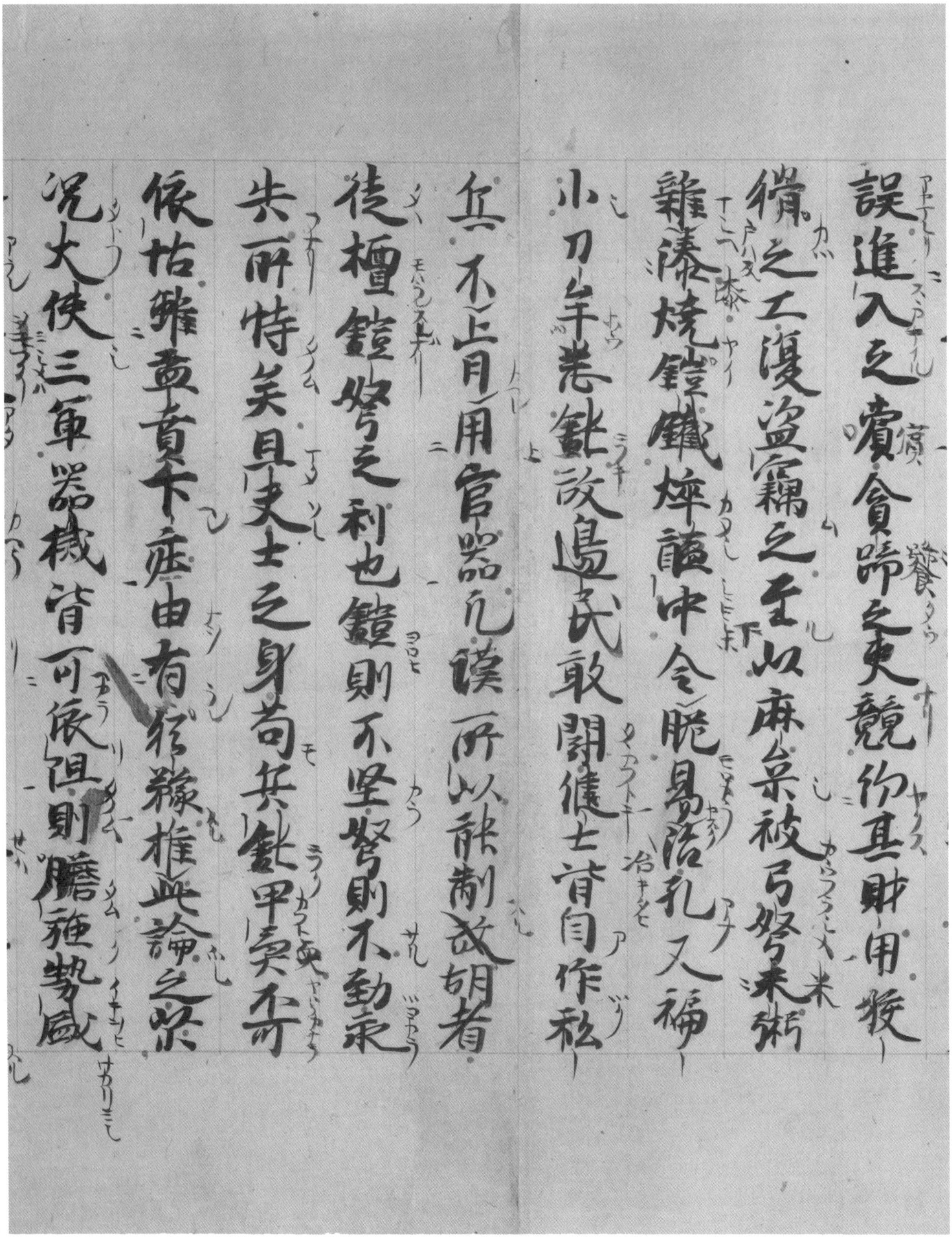

誤進入之賓貪饕之吏競約其財用狡
猾之工復盜竊之至以麻枲被弓弩米粥
雜漆燒鎧鐵焠醯中令脆易治孔又褊
小刀牟悉鈍故邊民敢鬬健士皆自作私
兵不肯用官器凡漢所以能制胡者
徒擅鎧弩之利也鎧則不堅弩則不勁永
失所恃矣且夫士之身苟兵鈍甲惡不可
依怙雖孟賁育下庶由有猶豫推此論之衆
況大使三軍器械皆可依怛則膽雜勢盛

【第十紙】　【第九紙】

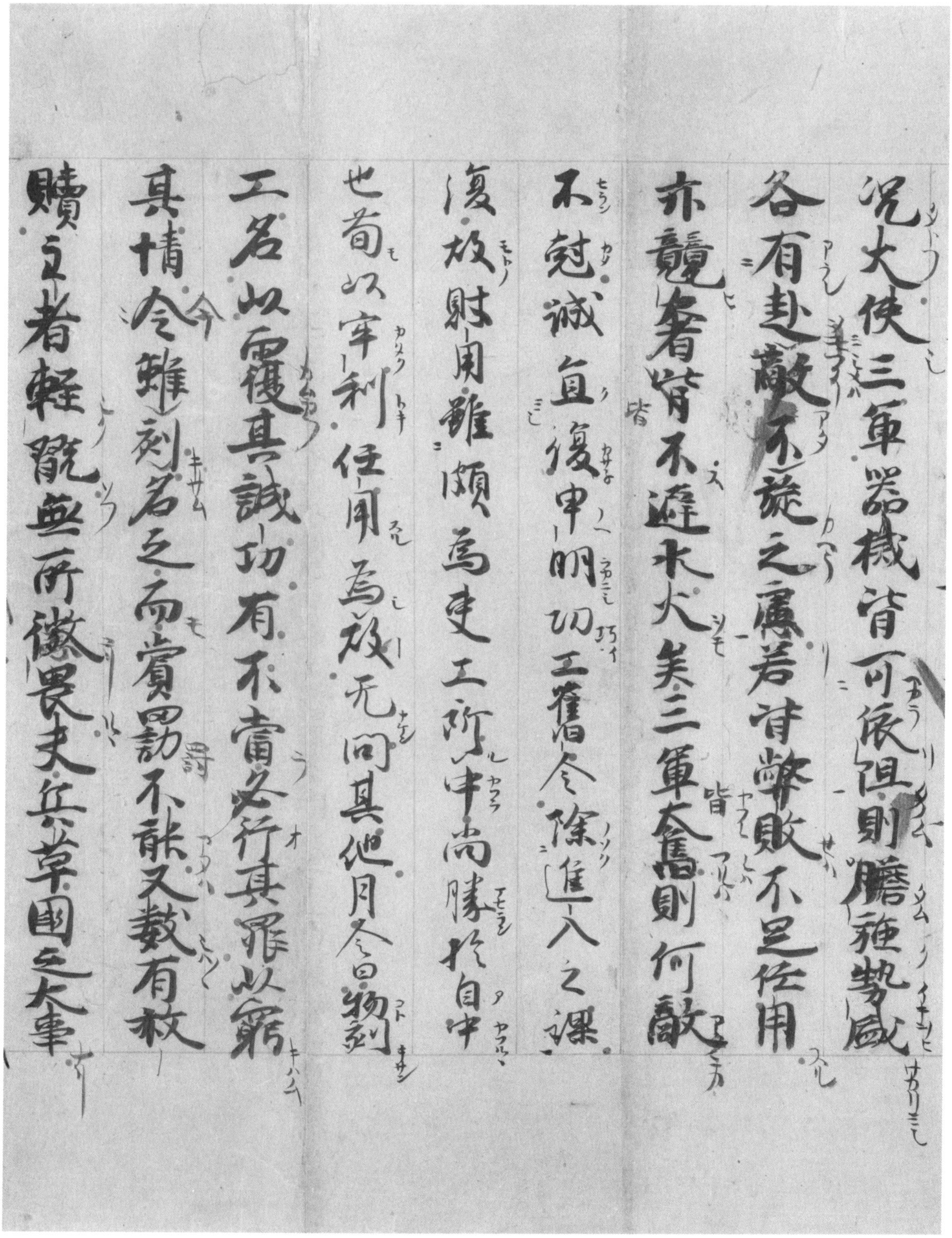

況夫使三軍器械皆可依怚則膽雖勢盛
各有赴敵不旋之慮若甘弊敗不足任用
亦讋着皆不避水火矣三軍奮則何敵
不尅誠宜復申明巧工舊令除進入之課
復故財用雖頗為吏工所中尚勝於自中
世苟以牢利任用為故无問其他月令曰物勒
工名以覆其誠功有不當必行其罪以窮
其情令雖刻名之而賞罰不能又數有赦
贖之者輕賤無所懲畏夫兵革國之大事

贖之者輕罰無所懲畏夫兵革國之大事宜特留意重其法罰敢有巧詐輒行之輩罪勿以赦贖除則吏敬其職工慎其業矣

用臣

昔聖王之治天下咸建諸侯以臨其民國有常君君有定臣上下相安政如一家秦兼天下罷侯置縣於是君臣始有不親之釁矣我最患其如此故令長視事至十餘年居官或長子孫末久則相習上下相與元元所繫情加以心堅意專安官樂慮久長而無

【第十一紙】

所稟氣情初以心堅意專安官樂職圖慮久長而無
苟且之政吏民供奉亦竭忠盡節而無壹切
之計故能君臣和睦百姓康樂苟有康樂
之心充於中則和氣應於外矣以災害不
生禍亂不作自頃以來政教稍改重刑闕
於大臣而密罔刻於下職鄙輔不思在寬
之德牧〻守〻逐〻之名競擿埴吹求疵重
案深詆以中傷貞良長吏或實清廉心平
行潔内省不疚不肯媚竈曲禮不行於所

行皇内省不疾不肯媚竈曲礼不行於所
屬私敬無廢於府明郡側目以為負折乃
選巧文猾吏向壁作條誑覆閨門搆捕妻
子人情恥令妻子就逮則不迫自去且人主
莫不欲豹産之臣然而豹治鄴一年民謗
殺之子産相鄭初亦見詛三載之後德化乃
洽今長吏下車百日無他異觀則州郡睥
睨待以惡意滿歲寡漢便見驅逐正使豹
産復在方見怨詛應時奔馳何緣得成

【第十二紙】

黃侯黃霸也　召父召信臣也

産復在方見咎詛應時奔馳何緣得成
易歎之勳垂不朽之名者哉昔馮唐評文
帝之不能用李牧矣近漢世所謂良吏黃
侯召父之治郡視事皆且十年然後功業乃
着且以仲尼之聖由曰三年有成況凡庸
之士而責以造次之効哉故天平成之政必有
横暴酷烈之失而世俗歸稱謂之辨治故絀
已進棄已復用横遷超取不由次第是以殘
猾之人遂奮其毒仁賢之士劫俗為虐本操雖

僵之人遂奮其毒仁賢之士刧俗為虐本操雖異驗出一揆故朝廷不獲温良之用也民不蒙寬惠之德則百姓之命委於酷吏之手數〻之怨咎歸于上夫民善之則畜惡之則讎〻滿天下可不懼哉是以有國有家者甚畏其民既畏其怨又畏其罰故養之如傷病愛之如赤子兢〻業〻懼以終始恐失羣心之和以隨先生之軌也今朝廷雖屢下恩澤之詔無卹民之言而法度制令甚

下息澤之謠，無聊民之言，而法度制令甚
失養民之道，勞思而無功，華繁而實寡。
欲求利民之術，則宜沛然改法，有以安
固長吏，原其小罪，闊略微過，取其大較
惠下而已。昔唐虞之制，三載考績，三考黜
陟，所以表善而簡惡，盡臣力也。漢法亦三
年壹察治狀，舉孝廉尤異，宣帝時王成
為膠東相，黃霸為潁川太守，皆且十年，但
就增秩賜金，封關內侯，以次入為公卿。然

【第十三紙】

就增秩賜金封關内侯以次入爲公卿然
後政化大行動斎竹帛皆先帝舊法所
宜因循及中興後上官蒙爲幷州刺史祭
肜爲遼東太守視事各十八年皆增秩
中二千石近自所見惑一暮之中郡主易數
二千石璽榎波轉潰々紛々吏民疑惑不
知所謂及公卿尚書亦復如此且臺閣之
職尤宜簡習帝時尚書但厚加賞賜希得
外補是以機事周密莫有漏洩肯舜命九

外補是以機事周密莫有漏洩普舜命九
官自受終于文祖以至陟方五十年不易
復有改易也聖人行之於古以致時雍之
宣徽式亦至隆平若不尉從邑著效居
虞而恥遵先帝也

内恕

昔明王之統黎元蓋濟其欲而為之節
度者也凡人情之所通好則恕己而足之因
民有樂生之性故分祿以顯其士制廬井
養其萌然後上下交足厥心乃静人非食

【第十四紙】

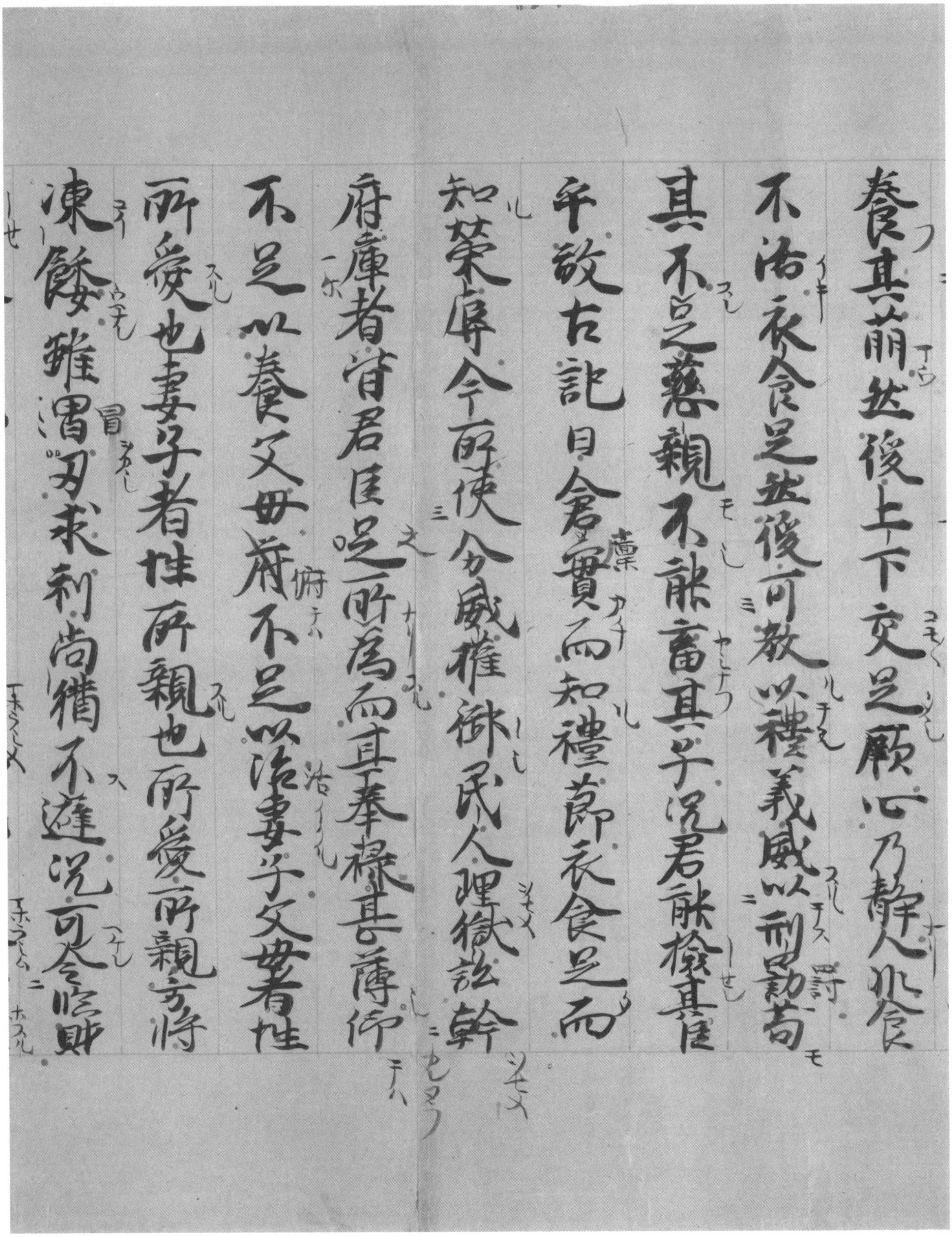
養其萌然後上下交足顧心乃静人非食
不活衣食足然後可教以禮義威以刑罰苟
其不足慈親不能畜其子況君能檢其臣
乎故古記曰倉實而知禮節衣食足而
知榮辱今所使分威權御民人理獄訟幹
府庫者皆君臣之所爲而其奉祿甚薄仰
不足以養父母府不足以活妻子父母者性
所愛也妻子者性所親也所愛所親方將
凍餒雖冒刃求利尚猶不避況可令臨財

凍餧雖冒刃求利尚猶不避況可令臨財
御衆乎是所謂渴馬守水餓犬護肉欲其
不侵亦不幾矣夫事有不疑勢有不然
蓋此之類雖時有素富骨清者未能百一
不可為天下通率聖王知其如此故重其
祿以防其貪欲之使取足於奉不與百姓爭利
故其為士者習推讓之風恥言十五之計而
拔葵去織之義形矣故三代之賦也足以代
其耕故晏平仲諸侯之大夫耳祿足贍五

其耕故晏平仲諸侯之大夫耳祿足贍五
百斯非優衛之故耶晋在暴秦反道違
聖厚自封寵而虜遇臣下漢興因循未改
其制夫百里長吏荷諸侯之任而食監門
之祿請舉一隅以率其餘一月之祿得廿
斛錢二千長吏雖欲崇約猶當有從者
一人假令无奴當復取客庸百千蒭膏肉
用五百薪炭鹽菜又五百二人食粟六斛其
餘財足給馬豈能供冬夏衣被四時祠祀賓客

【第十五紙】

餘財足給馬豈能供冬夏衣被四時祠祀賓客
朴酒之費乎況復迎父母致妻子哉不迎父
母則違定省不致妻子則繼嗣既迎之不
足相贍自非夷齊孰能充死是則有賣
官粥獄盜贓主守之姦生孝宣皇帝悼其
若此乃詔曰吏不平則治道衰今小吏皆勤
事奉之薄欲其不侵漁百姓難矣其益吏
奉百石以下什五然尚儉又不上逮古賦祿
雖不可悉遵宜少增益以周其匱使足代

雖不可悉遵宜少增益以賙其匱使足代
耕自供以絕其內顧念姦之心然後重其受
取之罰則吏內足於財外憚嚴刑人懷羔
羊之絜民無侵枉之性矣昔周之衰也大
亡新者新室王莽也
夫無祿詩人刺之暴秦之政始建薄奉亡新
之亂不與吏除三亡之失異世同術我無所鑒
夏后及商覆車之軌宜以為戒
大赦之造乃聖王受命而興討亂除殘誅
其鯨鯢赦其臣民漸染化者耳及戰國之時

【第十六紙】

256 其黥劓赦其臣民漸染化者耳及戰国之時

257 犯罪者輒亡奔隣国遂赦之以誘還其逋逃

258 之民漢承秦制遵而不越孝文皇帝即位

259 廿三年乃赦亦不改舊章而已追永平建

260 初之際亦六七年乃壹赦命子皆老於草野

261 窮困懲艾比之於死頃間以來歲且壹赦百姓

262 忸忕輕為姦非每迫春節徼倖之

263 會犯恩尤多近前年一暮之中大小四赦諺

264 曰一歲再赦奴兒噫嗟況不軌之民孰不肆

日一歲再赦奴兒噫嘌況不軌之民孰不肆
意遂以赦為常俗初期望之過期不至亡命
蓄積羣輩屯聚為朝廷憂如是則劫不
得不赦々以趣奸々以趣赦轉相驅蹙兩不得
息雖日赦之亂甫繁耳由坐飲多發消渴而
水更不得去其歸亦無終矣又踐祚改元
際未嘗不赦每其令曰蕩滌舊惡將與士
大夫更始是褒己薄先且違無改之義非
所以明孝抒邪之道也昔管子有云赦者

所以明孝悌耶之道也首莞子有云赦者
奔馬之委轡不赦者痤疽之砭石及逢衛矣
漢將相之雋而皆建言不當赦令如欲
苟先王之制曠然更下大赦令因明諭使知
永不復赦則羣下震慄莫輕犯罪從不能
然宜十歲以上乃時壹赦

仲長子昌言　　仲長統

德教

德教者人君之常任也而刑罰為之佐助
焉古之聖帝明王所以能親百姓訓五品和萬

【第十七紙】

爲古之聖帝明王所以能親百姓訓五品和萬
邦蕃黎民召天地之嘉應降鬼神之吉靈
者寔德是爲而非刑之攸致也至於革命
之期運非征伐用兵則不能定其業姦宄之
成羣非嚴刑峻法則不能破其黨時勢不
同所用之數亦宜異也教化以禮義爲宗禮
義以典籍爲本常道行於百世權宜用於一
時所不可得而易者也故制不足則引之無
所至禮無等則用之不可依法無常則網羅

所至乱元等則用之不可依法無常則罔羅
當道路教不明則士民無所信引之無所至則
難以致治用之不可依則無所取正罔羅當
道路則不可得而避士民無所信則其志不知
所定非治理之道也誠令方来之作礼簡而
易用儀省而易行法明而易知教約而易従
篇章既著勿復刊剟儀故既定勿復変易而
人主臨之以至公行之以忠仁壹徳於恒久先
之用己身又使通治亂之大體者總綱紀而

【第十八紙】

之用已身天使通治亂之大體者總經紀而爲輔佐知稼穡之艱難者親民事而布恵利政不分於外戚之家權不入於宦豎之門下無侵民之吏京師無佞邪之臣則天神可降地祇可出大治之後有易亂之民者安寧无故邪心起也大亂之後有易治之勢者創艾禍災樂生全也刑繁而亂益甚者法難勝避苟免而无恥也教興而罰罕用者仁義相厲廉恥成也任循吏於大亂之會必有恃

相厲廉恥成也任循吏於大亂之會必有恃
仁恩之敗用酷吏於清治之世必有殺良民
之殘此其大數也我有公心焉則士民不敢
念其私矣我有平心焉則士民不敢行其
險矣我有儉心焉則士民不敢放其奢矣
此躬行之所徵者也開道塗焉起隄防焉
舍我塗而不用踰隄防而横行逆我政者
也誥之而知罪可使悔過誥之而不
知罪明刑之所取者也教有道禁有義而

撿
益

知罪明刑之所取者也教有道禁有義而
身以先之令德者也身不敢先而聽略誡
行之嚴明者也忠仁爲上勲以守之其威
雖遲君子之德也譎詐以御其下欺其
民而取其心有立威之功王德之所不貴也
廉隅貞潔者之令也流遠奔湍者行之汚
也風有所從來俗有所由起疾其末者刈
其本惡其流者塞其源夫男女之際明別
其外内遠絶其聲音激厲其廉恥塗塞

【第十九紙】

其外内遠絶其聲音徼廣其廉恥塗塞
其戲謔由尚有自心之遮念睎盼之過
視而況開其門道其徑者乎今嫁娶之會
捶杖以督之戲謔酒醴以趣情慾宣淫佚
於廣衆之中顯陰私於族親之間污風詭
俗生淫長姧莫此之甚不可斷者也

法誡

漢興以来皆引母妻之黨為上將謂之輔政
而所賴以治理者甚少而所坐以危亂者
甚衆妙味殆萬夫之望甚良惜未可得而遇

甘衆妙未殫萬夫之望其良備未可得而遇
也況欲求之妃妾之間取之於驕盈之家徼
天幸以自獲其人者哉夫以丈夫之智猶不
能久處安正長思利害耽榮樂寵死而後
已又況婦人之愚而望其遵巡正路謙虛節
儉保富貴而為國家校計者乎故其欲
開祿朝政倡伎私顧是乃理之自然也者昔
起組白不奏事於太后而受不測之罪王
章陳日蝕之變而取背叛之誅夫二后不甚

【第二十紙】

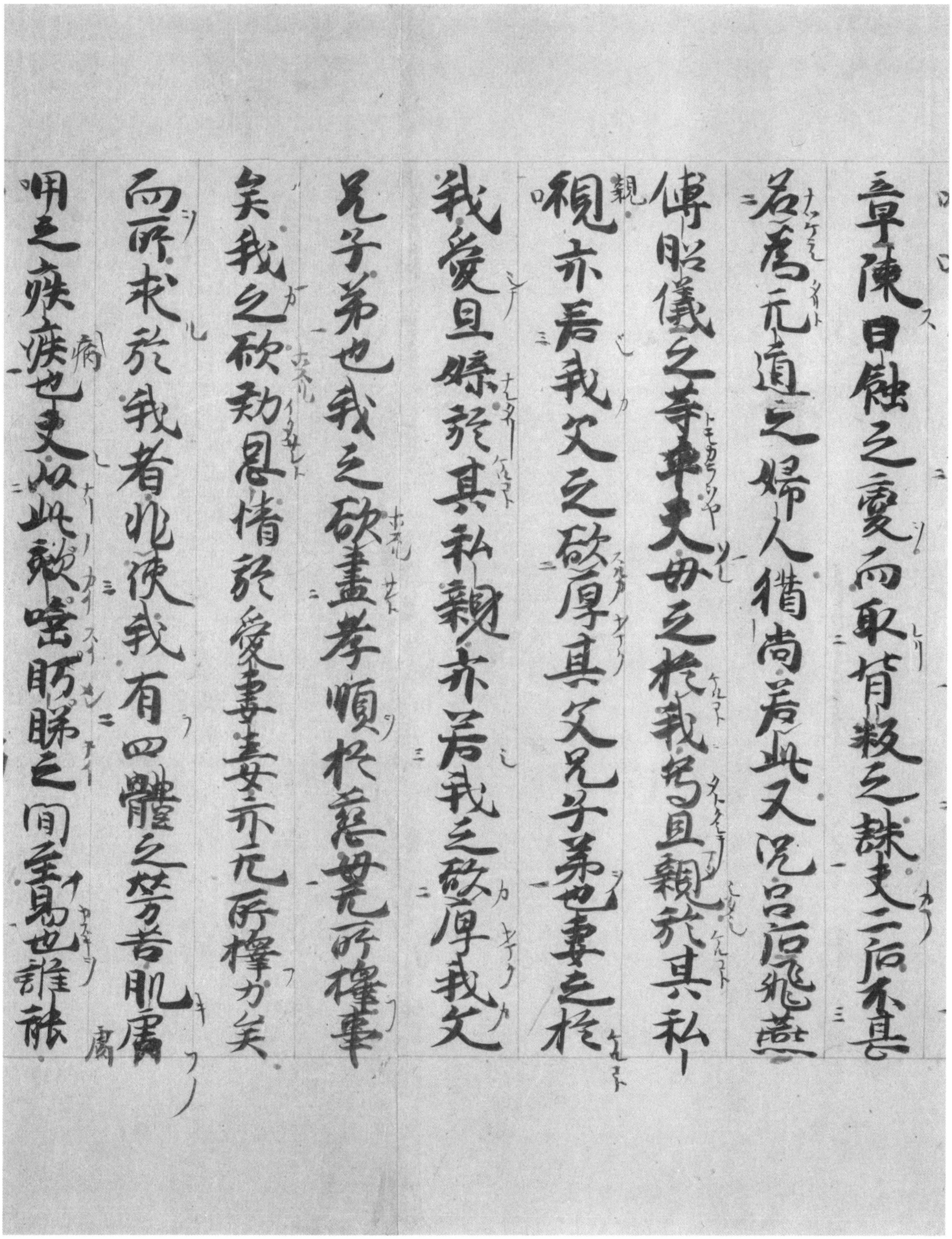

章陳日蝕之變而取背殺之誅夫二后不甚
惡為无道之婦人猶尚若此又況呂后飛燕
傅昭儀之等乎夫母之於我尊且親於其私
親亦若我父之敬厚其父兄子弟也妻之於
我愛且嫉於其私親亦若我之敬厚我父
兄子弟也我之敬盡孝順於慈母无所擇事
矣我之欲効恩情於愛妻妻亦无所擇力矣
而所求於我者非使我有四體之勞苦肌膚
明之疾疾也夫以此欲噬盻睇之間至易也誰能

明之疾病也夫以此欬唾盼睇之間至易也誰能
違此者乎唯不世之主抱獨斷絶異之明有
堅剛不移之氣然後可庶幾其不淪沒
流俗耳　宦豎者傳言給使之臣也拚掃是
為趙高之從傅近房卧之内交錯婦人之間
又人亦實刑者之所宜也孝宣之世則以弘恭為
中書令石顯為僕射中宗嚴明二豎不敢
容錯其姦心也後遭孝元常抱病而留好於
音樂委以樞機專委之石顯則昏迷霧亂之

音樂恚以樞機委之石顯則昏迷霿亂之
政起而仇忠害正之禍成矣嗟乎父子之間相
監至近而明闇之分若此豈不良足悲耶
孝桓皇帝起自蠡吾而登至尊侯覽張讓
之等以亂承亂政令多門權利並作迷荒帝
主濁亂海內高命士惡其如此直言正論
與相摩切被誣見陷謂之黨人靈皇帝登
自解犢以繼孝桓中常侍曹節侯覽等
造為維綱帝終不寤寵之日隆唯其所

【第二十一紙】

遂為帷幄帝終不寤寵之日隆唯其所
言無求不得凡貪淫放縱僭淩橈亂
内外毒蠱民化隆自順桓之時盛極孝靈
之世前後五十餘年天下亦何緣得不破壞
耶古之聖人立礼垂典使子孫少在師保不令處
於婦女小人之間蓋猶見此之良審也
數禁
和神氣懲思慮避風濕節飲食適嗜欲
此壽考之方也不幸而有疾則鍼石湯藥之
所去也肅礼容居中正康道德履仁義敬天地恪

去也肅礼容居中正康道德履仁義敬天地恪
宗廟此吉祥之術也不幸而有災則克己責
躬之所復也然而有禱祈之禮史巫之事者
盡中正竭精誠也下世其本而爲奸邪之階
於是淫厲亂神之祀興焉侜張変怪之言
起焉丹書厭勝之物作焉故常俗忌諱可嘆
事時世之所遂往而通人所深疾也且夫構
地九刃以取水鑿山百步以斲金入林伐木不
卜日適野刈草不擇時及其構而居之制而

【第二十二紙】

不日遍野刈草不擇時及其構而居之制而
用之則疑其吉凶不亦遠乎簡郊社慢祖
禰逆時令背大順而反求福祐於不祥之物
取信誠於愚惑之人不亦誤乎彼畜家盡
舍轉局指天者不能自使室家滑利子孫
貴富而望其能致之於我不亦惑乎今有
嚴禁於下而上不去非教化之法也諸厭勝之
物非禮之祭皆所宜急除者也情無所止禮
爲之儉欲無所齊法爲之防越禮宜貶踰

為之儉欲無所齊法為之防越禮宜貶踰
法宜刑先王之所以紀綱人物也若不制此
二者人情之從横馳騁誰能度其所極者表
正則影直範端則鑄良行之於上禁之於
下非元首要莫之教也豈士民並順私心又
大亂之道也頃皇子皇女有爰折弃未及殤
爵加王主之號葬從成人之禮非也及下殤
以上已有國邑之名雖不合古制行之可也
王侯者所與共受氣於祖考幹合而支分者

王侯者所與共受氣於祖考幹合而支分者也性類純美臭味芬香孰有加此乎然而生長於驕溢之處自恣於色樂之中不聞典籍之法言不自師傅之良教故使其心同於夷狄行比於禽獸也長幼相効子孫相襲家以為風世以為俗故姓族之門不與王侯婚者不以其五品不和睦閨門不肅盛耶所貴於善者以其有禮義也所賤於惡者以其有罪過也今以所貴者教民以所賤者教親不

五品父母兄弟子也

【第二十三紙】

罷過也今以所貴者教民以所賤者教親不
亦悖乎可令王侯子弟悉入大學廣之以他
山肅之以二物則腥臊之污可除而芬芳之
風可發矣

中制

有天下者莫不君之以王而治之以道〻有
大中所以為貴也又何慕於空言高論難
行之術而壹樹則高數十百尺壁帶加珠
玉之物木土被緹錦之飾不見夫之女子成
市於宮中未曾御之婦人生幽於山陵

而於宮中未嘗御之婦人生幽於山陵雖
體之君誠欲行道雖文之所興可所據者
也雖文之舉人可有所嫁者也至若門庭足
以容朝賀之會同玄臺足以陳千人之坐
席臺樹足以覽都邑之有充防闌足以殊
异等之号卑宇殿高顯敞向不加以雕
采之巧錯塗之飾是自其中也蒙園池治
百里而還使蒭蕘雉菟者得時往焉
隨農郤而講事因田狩以教戰上屢郊

【第二十四紙】

隨農郤而講事自田狩以教戰上虞亦
廟下虞賓容是又因其中也嫡庶之數
使從周制妾之無子與希幸者以時出
之均齊恩施以廬子姓使令之人取足
相從時其上下通其隔塞是人自在其志
在位之人有乘柴馬弊車者矣有食菜
藿者矣有親飲食之薄厚者矣有過客
不敢沽酒市脯者矣有妻子不到官舍者
矣有還奉祿者矣有辭爵賞者矣莫不

矣有還奉祿者矣有辭爵賞者矣莫不
稱述以爲清邪此不清邪而不可以言中也
好節之士有過君子而不食其食者矣有妻
子凍餒而不納君人之施者矣有茨蒿屏
風上漏下濕者矣有窮居僻處求而不可
得見者矣不歎羨以爲高絜此不高絜
而不可以言中也夫世之所以高此者亦
有由然先古之制休廢時王之政不率真
正不行詐爲獨善於是乎俗同共知節義

正不行詐爲獨集於是世俗同共知節義
之難復恃也乃舍正從邪背道馳於彼
獨能吟然不爲故見貴也如使王度昭明
祿除從古從古服章不中法則詰之以典制
貨賂不及禮則問之以憲故向所稱以清
絜者將欲何矯哉向之所難出高絜者
欲者何屬哉故人主能使違時詭俗之行
無所復剴摩困苦難爲之約無所復徼
切步驟乎平夷之塗偃息乎大中之居人

剴 公哀反 又五哀反 動也 摩也

【第二十五紙】

切歩驟乎平夷之塗偃息乎大中之居人
享其宜物安其所然後足以稱賢聖之王
公中和人君子矣

拾遺

古者君之於臣无不答拜也雖王者有變
不必相因借宜存其大者御史大夫三公之
列也今不爲起非也爲太子時太傅則位
之後宜常答其拜少傅可比三公爲之起
周禮王爲三公六卿錫衰爲諸侯緦衰爲
大夫士疑衰及於其疾時皆自問焉古禮雖

大夫士猶裹及於其疾時皆自問焉古礼雖
難悉奉行師傅三公所不宜闕者也凡在
京師大夫以上疾者可遣使修賜問之恩
州牧郡守遠者其死然後有所贈之礼也
坐而論道謂之三公作而行之謂士大夫
論道必求高明之士幹事必使良能之人非獨
三太三少可與言也凡在列位者皆宜及焉
故士不與其言何知其術之淺深不識之事
何以知其能之高下與群臣言議者又非但

【第二十六紙】

何以知其能之高下與群臣言議者又非但
用觀彼之志行察彼之才能也乃所自弘天
德益聖性也備十五志學朋友講習自強
不息德與年進至于七十然後心從而不踰
距況於不及中規者乎而不自勉也今雖列
位侍中尚書皆乃明之選也而不與之從
容言議諮論古事訪國家正事問四海豪
英琢磨珪璧染練金錫何以昭人心
於民物廣令聞於天下哉人主有常不可

於民物廣令聞於天下参人主有常不可諫者五焉一曰廢后黜正二曰不節情欲三曰專愛一人四曰寵幸佞諂五曰驕貴外戚廢后黜正覆其國家者也不節情欲伐其情命者也專愛一人絶其繼嗣者也寵幸佞諂壅蔽忠正者也驕貴外戚潰乱政治者也此為疾痛在於膏肓此為螟虻之於於哩卵者也然而人臣破首分形所不能救止也不辱稱故仁也以計御情智也以

救心也不居利故仁也以計御情智也以
嚴專制礼也豊之以爵而勿與之任亦足
為恩也封之以土而勿与之權亦足以為
厚也何必變弁跡世或賢亂國無後於
我心乃快哉

性行

人之事親也不去乎父母之側不倦乎勞
辱之事唯父母之所言也唯父母之所欲
也於其體之不安則不能寢於其食之
不能則不能食敬之爲此以沒其身惡

【第二十七紙】

不飽則不能食孜々爲此以沒其身惡
有爲此人父母而憎之者也人之事君也言
至小大無術也事無勞逸無所避也其見
識知也則不恃恩寵而加敬其見遺忘也
則不懷怨恨而加勤安危不貳其志險易
不革其心孜々爲此以沒其身惡有爲此
人君長而憎之者也人之交士也仁愛篤
恕謙遜敬讓忠誠發乎內信效著乎外
流言無所受愛憎無所偏幽閑攻人之短會

流言无所受愛憎无所偏幽閑攻人之短會
述人之長有負我者我又加厚焉有疑
我者我又加信焉患難必相及行潛德而
不有立潛功而不名致之爲求以没其惡
有此人交而憎之者也故事親而不爲親所
知是孝未至者也事君而不爲君所知是
忠未至者也與人交而不爲人所知是信
義未至者也父母怨咎人不以正已審其不
然可違而不報也父母欲與人以官位爵祿

【第二十八紙】

然可違而不報也父母欲与人以官位爵禄
而才實不可之違而不從也父母欲爲奢泰
侈靡以適心快意可違而不許也父母不好學
問疾子孫之爲之可違而學也父母不好
善士惡子孫交之可違而友也士友有患
故待己而濟父母不欲其行違而往也故不
可違而違非孝也可違而不違亦非孝也好
不違非孝也好違亦非孝也其得義而已也
議難
昔高祖誅秦項而陟天子之位光武討篡

議難

昔高祖誅秦項而陟天子之位光武討簒
臣而復已亡之漢皆受命之聖主也蕭
曹丙魏平勃霍光之等夷諸呂尊太宗
廢昌邑而立孝宣經緯國家鎮安社稷
一代之名臣也二主數子之所以震威
四海布德生民建功立業流名百世
者唯人事之盡耳無天道之學焉然則
王天下作大臣者不待於知天道矣所
貴乎用天之道者則指星辰以授民

貴乎用天之道者則指星辰以授民
事順四時而興功業其大略也吉凶
之祥又何取焉故知天道而無人略
者是巫醫卜祝之伍下愚不齒之民
也信天道而背人事者是昏亂迷惑
之主覆國亡家之臣也問者曰治天下
者壹之乎人事抑亦有取諸天道也曰
所取於天道者謂四時之宜也所壹於人
事者謂治亂之實也馮相保章其無

事者謂治亂之實也馮相保章其無
所用耶曰大備於天人之道耳是非治
天下之本也是民之要也曰然
則本與要奚所存耶曰王者官人無私
唯賢是親勤䘏政事屢省功臣賞錫
期於功勞刑罰務乎罪惡政有常民安
各得其所則天地將自從我而正矣休
祥將自應我而集矣惡物將自舍我
而亡矣求其不然乃不可得也王者所

而已矣求其不然乃不可得也王者所
官者非親屬則寵幸也所愛者非美
色則功佞也以同異為善惡以喜怒
為賞罰取乎麗女怠乎萬機黎民
冤於類殘賊雖五方之地不失四
時之禮斷獄之政不違冬日之期著
寵積於廟門之中犧牲群於農碑
之間馮相坐臺上而不下祝史伏壇
旁而不去備之益殺敗已也從此言

【第三十紙】

旁而不去備之益致敗亡也從此言
之人事為本天道末不其然與故審
我已善而不復恃乎天道上也疑我
未善引天道以自濟者其次也不
求諸己而諸天者下愚之主也今
失手者諱忠心於自省專思慮於治
道自省無術治道不謬則彼嘉物之
生休祥之來是我汲井而水出爨竈
而火燃者耳何足以為賀者邪故歡

而火燃者耳何足以爲賀者邪故歡
於報應喜於珍祥是勞者之私情未
可謂太上之公德也

羣書治要卷第卌五

申出蓮華王院寶蔵御本
加校點了

直講清原

一
直講清原

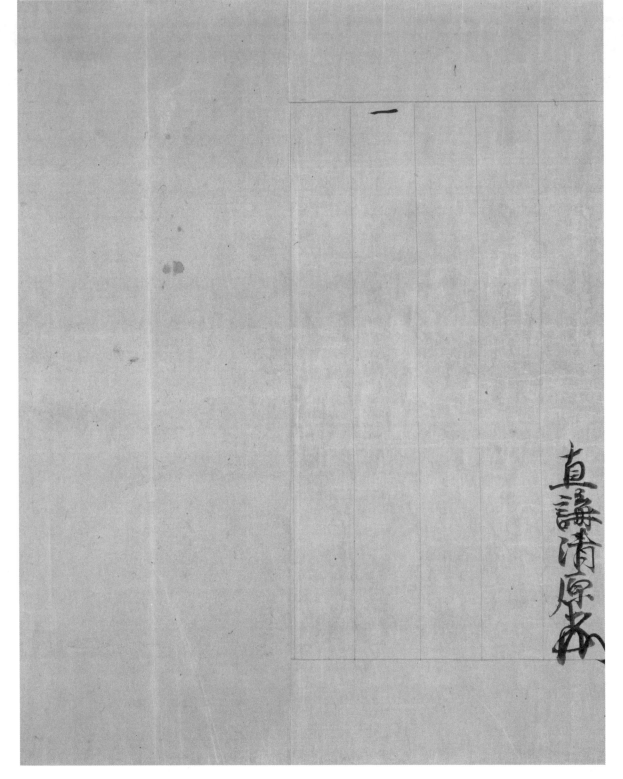

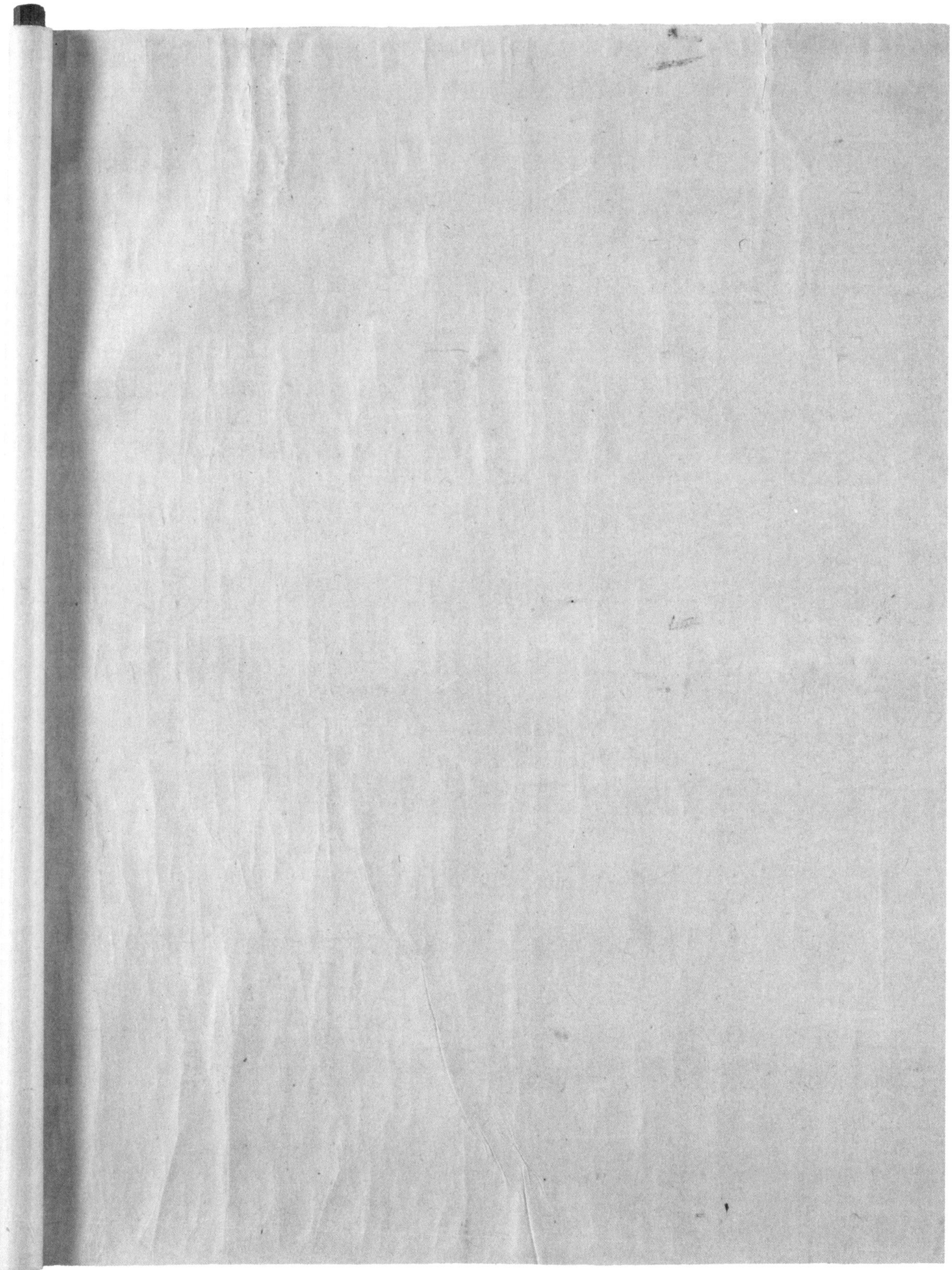

四十六
圖書寮
117
48
3

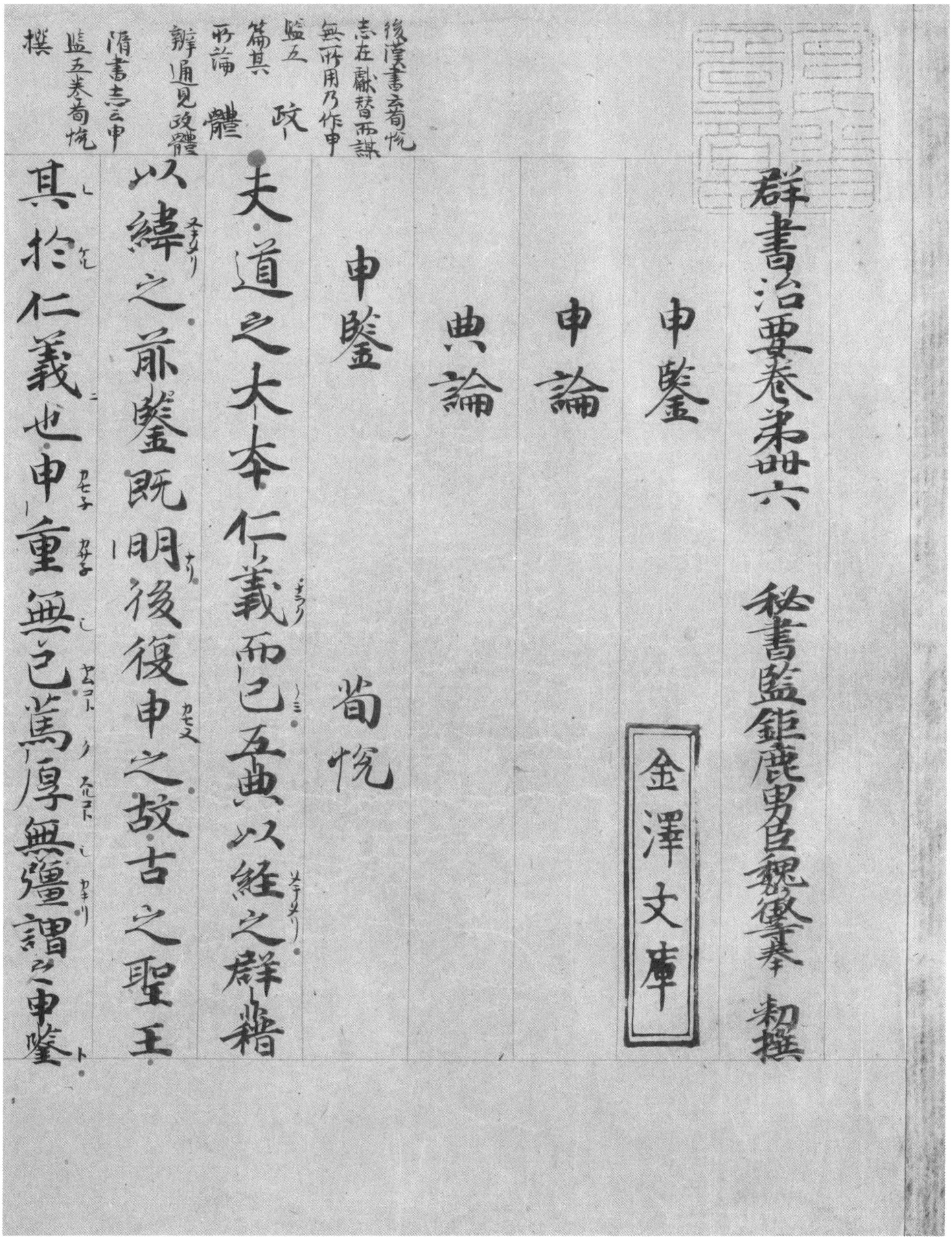

群書治要卷第卌六　秘書監鉅鹿男臣魏徵等奉　勑撰

申鑒

申論

典論

申鑒　荀悅

後漢書云荀悅志在獻替而謀無所用乃作申鑒五篇其所論辯通見政體 隋書志云申鑒五卷荀悅撰

夫道之大本仁義而已五典以經之群籍以緯之前鑒既明後復申之故古之聖王其於仁義也申重無已篤厚無疆謂之申鑒

監五巻荀悦撰

其於仁義也申重無已篤厚無疆謂之申鑒
天作道皇作極臣作輔民作基制度以緫之
事業以紀之先王之政一曰承天二曰正身三曰
任賢四曰恤民五曰明制六曰立業承天惟允正身
惟恒任賢惟固恤民惟勤明制惟典立業惟敦
是謂政體致治之術先屏四患乃崇五政一
曰僞二曰私三曰放四曰奢僞乱俗私懷法放
越軌奢敗制四者不除則政無由行矣俗乱
則道荒雖天地不得保其性矣法壞則世

【第二紙】

則道荒雖天地不得保其性矣法壞則世
傾雖人主不得守其度矣軌越禮亡雖聖
人不得全其行矣制敗則欲肆雖四表不
能充其求矣是謂四患興農桑以養其生
審好惡以正其俗宣文教以章其化立武備
以秉其威明賞罰以統其法是謂五政
民不畏死不可懼以罪民不樂生不可勸
以善雖使禼布五教咎繇作士政不行焉故在
上者先豊民財以定其志帝耕籍田后桑蠶

【第三紙】

上者先豊民財以定其志帝耕籍田后桑蠶
宮國無遊民野無荒業財不虚用力不妄加
以周民事是謂養生君子之所以動天地應
神明正万物而成王治者必本乎真實而已故
在上者審則儀道以定好惡善惡於功罪毀
譽效於准驗聽言責事擧名察實無或詐
僞僞功以蕩衆心故事無不核物無不切善
無不顯惡無不彰俗無姦怪民無淫風百姓上
下觀利害之存乎己也故肅恭其心愼脩其

【第三紙】

下覩利害之存乎己也故肅恭其心慎修其行有罪惡者無僥幸無罪過者不憂懼請謁無所行貨賂無所用則民志平矣是謂正俗君子以情用小人以刑用榮辱者賞罰之精華也故禮教榮辱以加君子治其情也桎梏鞭朴以加小人治其刑也君子不犯辱況於刑乎小人不居刑況於辱乎若夫

【第四紙】

中人之倫則刑禮兼焉教化之廢推中人而墜於小人之域教化之行引中人而納於

而遂於小人之域教化之行引中人而納於
君子之塗是謂章化
小人之情後則驕驕則慰怠則叛叛則謀
亂安則思欲非威强無以懲之故在上者必
有武備以戒不虞以遏寇虐安居則寄之
內政有事則用之軍旅是謂章威
賞罰政之柄也明賞必罰審信慎令嘗勸
善罰以懲惡人主不妄賞非徒愛其財也
賞妄行則善不勸矣不妄罰非徒頋其人也

賞妄行則善不勸矣不妄罰非徒矜其人也
罰妄行則惡不懲矣賞不勸謂之止善罰不
懲謂之縱惡在上者能不止下為善不縱下為
惡則國治矣是謂統法四患既蠲五政既立
行之以誠守之以固簡而不怠疏而不失無為
為之使自施之無事事之使自憂之不肅而成
不嚴而治垂拱揖讓而海內平矣是謂為政
之方惟恆十難以任賢能一日不知二日不
不〔求〕三日不任四日不終五日以小怨弃大德

【第五紙】

不三曰不任四曰不終五曰以小惡棄大德
六曰以小過黜大功七曰以小短掩大美八曰
以干忤傷忠正九曰以邪説亂正度十曰以
讒嫉廢賢能是謂十難不除則賢臣不用
賢臣不用則國非其國也
推審九風以定國常一曰治二曰衰三曰弱四
乖五曰亂六曰荒七曰叛八曰危九曰亡君臣親
而有禮百僚和而不同讓而不爭勤而不怨
事唯職是司此治國之風也禮俗不一職位不

事唯職是司此治國之風也禮俗不一職位不
重小臣咨度庶人作議此衰國之風也君好
讒臣好逆士好遊民好流此弱國之風也君臣爭
明朝廷爭功士大夫爭名庶人爭利此乖國之
風也上多欲下多端法不定政多門此亂國之
風也以侈為博以伉為高以濫為通遵禮謂
之劬守法謂之固此荒國之風也以苟為密
以利為公以割下為能以附上為忠此叛國之風
也上下相疏內外相疑小臣爭寵大臣爭權

【第六紙】

也上下相疏内外相疑小臣争寵大臣争權
此危國之風也上不訪下下不諫上婦言用私
政行此亡國之風也
惟替五教以倭民中一曰原心二曰明德三曰
勸功四曰寵化五曰權計凡先主之攸赦是
族也非是之族焉刑茲無赦
有一言而可常行者恕也一行而可常履
者正也恕者仁之術也正者義之要也
至矣哉

至矣哉
或曰聖王以天下為樂乎曰否聖王以天下為
憂天下以聖王為樂凡主以天下為樂天下
以凡主為憂聖王屈己以申天下之樂凡主申
己屈天下之憂申天下之樂故樂亦報之屈
天下之憂故憂亦及之天之道也治世之臣所貴
乎順者三一曰心順二曰職順三曰道順衰世之臣
所貴乎順者三一曰體順二曰辭順三曰事順
治世之順真順也衰世之順則生逆也體苟順則

治世之順眞順也衰世之順則生逆也體苟順則
逆節辟苟順則逆忠事萮苟順則逆道下有
憂民則上不盡樂下有飢民則上不備
膳下有寒民則上不具服故足寒傷心民
憂傷國
或曰三皇之民至敦也其治至謂也天性曰
皇民敦民弊時也山民樸市民玩處也桀
紂不易民而亂湯武不易民而治政也自羊
民寡斯敦皇治純純斯清矣惟不求無益

【第七紙】

民寡斯敦皇治純純斯清矣惟不求無益
之物不畜難得之貨節華靡之飾退利進之
路則民不畜難得之貨節華靡之飾退利進之
俗清矣簡小忌去淫祀絕奇怪則妖偽息矣致
精誠求諸己正大事則神明應矣放邪説絕淫
祀抑百家崇聖典則道義定矣去浮華舉功
實絕末伎同本務則事業脩矣
尚主之制非古也釐降二女陶唐之典歸妹元
吉帝乙之訓王姬歸齊宗周之禮也以陰也以

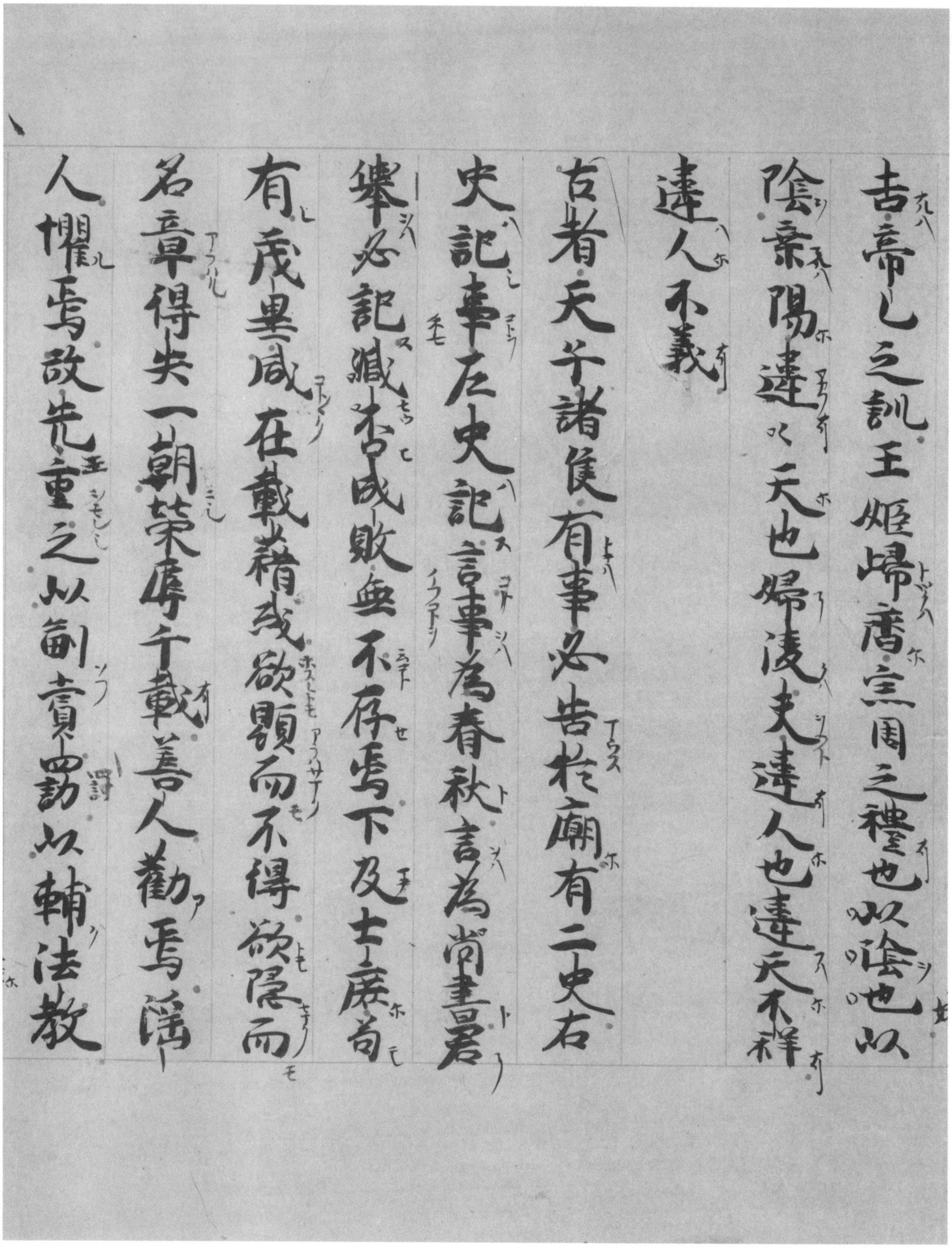
吉裔也之訓王姫歸齊寔周之禮也以陰也以
陰棄陽違天也婦凌夫違人也違天不祥
違人不義
古者天子諸侯有事必告於廟有二史左
史記事右史記言事為春秋言為尚書君
舉必記臧否成敗無不存焉下及士庶苟
有茂異咸在載籍或欲顯而不得或欲隱而
名章得失一朝榮辱千載善人勸焉淫
人懼焉故先王重之以副賞罰以輔法教

人懼焉故先王重之以副賞罰以輔法教
宜於今者官以其方各書其事歲盡則
集之於尚書各脩史官掌其典

雜言

君子有三鑒〻乎前鑒乎人
鑒乎鏡前惟訓人惟賢鏡惟明高德之
衰不鑒於湯禹也周秦之弊不鑒於羣
下也側弁垢顏不鑒於明鏡也故君子惟

【第八紙】

鑒之務焉
不任所愛之謂公惟義是從之謂明齊桓

不任所愛之謂公惟義是從之謂明齊桓
公中材也夫能成功業由有異者矣妾媵盈
宮非無愛幸也群臣盈朝非無親近也然外
則管仲射己衛姬色衰非愛也任之也蓋知惟賢
不可任非智不可從也夫此之舉私矣哉
膏 心下也
肓 心下鬲上也
膏肓純白二竪不生茲謂心寧省闥清嬖孽
不作茲謂主平夫膏肓近心而處阨鍼之不
逮藥之不中攻之不可二竪藏焉是謂篤患故
治身治國者唯是之畏

治身治國者唯是之畏
或曰愛民如子仁之至乎曰未也愛民如身仁之
至乎曰未也湯禱桑林邾遷於繹景祀於旱
可謂愛民矣曰何重民而輕身也曰人主承
天命以養民者也民存則社稷輕天命也存
人亡則社稷亡故謂民者所以重社稷而輕天
命也或問曰孟軻稱人皆可以爲堯舜其信矣
乎曰人非下愚則可以爲堯舜矣寫堯之貌同堯
之性則否服堯之道則可矣行之於前則古之堯舜

【第九紙】

之姓則舌能堯之道則可矣行之於前則古之堯舜
也行之於後則今堯舜也或曰人皆可以為桀紂乎
行桀紂之事是桀紂也堯舜桀紂之事常並
存於世唯人所用而已
人主之患常立於二難之間在上而國家不治
是之難也治國家則必勤身苦思矯情以從道是
難也有難之難闇主取之無難之難明主居之
人臣之患常立於二罪之間在職而不盡忠直
之道罪也盡忠直之道焉則必矯上拂下

之道罪也盡忠直之道焉則必矯上拂下
罪也有罪之罪邪臣由之無罪之罪忠
臣致之
人臣有三罪一曰導二曰阿失三曰尸寵以非先
上謂之導從上之非謂之阿見非不言謂之
尸導臣誅阿臣刑尸臣絀
忠有三術一曰防二曰救三曰戒先其未然謂
之防也發而進謂之救也行而責之謂之戒之
防為上救次之戒為下

【第十紙】

防為上救次之戒為下
或問天子守在四夷有諸曰此外守也天子之
内守在身曰何謂也曰至尊者其次之者衆焉
故便僻御侍政人主而奪其財近幸妻妾政
人主而奪其寵逸遊伎藝政人主而奪其志
左右小臣政人主而奪其行不令之臣攻人主而奪
其事是之謂内寇自古失道之君其見攻者衆矣
小者危身大者亡國鮌共工之徒攻堯儀狄攻禹
弗能克故唐夏平南之威攻文公申侯伯攻恭王

【第十一紙】

弗能克故唐夏爭南之威攻文公申侯伯攻恭王
不能克故晉楚興萬衆之寇淺壇場非患也一言之
寇襲於膝下患之甚矣八域重譯而獻所非寶
也腹心之人匍匐而獻善寶之至矣故明主慎
内守除内寇而重内寶君所惡乎異者三好生事
也好生奇也好變常也好生事則多端而動
衆好生奇則離道而惑俗好變常則輕法而亂
度故名不貴苟傳行不貴苟難純德無慝其上
也伏而不動其次也動而不行行而不遠遠而

也伏而不動其次也動而不行而不遠遠而
詠復又其次也其下者遠而已矣

魏志云文帝日中論廿餘篇辭義典雅足傳于後

中論　徐幹

隋書志云中論六巻魏太子文學徐幹撰

法象

慢其瞻視輕其辭令而望民之我則者未之
有也莫之則者必慢之者至矣小人見慢而致
怨乎人患已之卑而不思其所以然哀哉是
故君子敬孤獨而慎幽微雖在隱蔽鬼神不得見
其隙況於游宴乎君子曰無戲謔之言必有防身
无戲謔之行行必有檢言必有防行必有檢雖妻

元戲謔之行行必有檢言必有防行必有檢雖妻妾不得而黷也雖朋友不得而狎也是以不愠怒而教行于閨門不諫諭而風聲化乎鄉黨傳稱大人正已而物正者蓋此之謂也徒以正夫之居猶然況得志而行於天下乎故唐帝允恭克讓光被四表成湯不敢怠遑奄而有九域文王祗畏而造彼區夏也

脩本

民心莫不有治道至於用之則異矣或用乎人或用乎己用乎己者謂之務本用乎人者謂之追

或乎己用乎己者謂之務本用乎人者謂之追
末君乎己用乎己者謂之務本用乎人者謂之追
末君子之治之也先務其本故懐遠而怨寡小人
之治之也先追其末故功廢而讎多夫見人而
自見者謂之矇聞人而不自聞者謂之瞶慮人而
不自慮者謂之瞀故明莫大於自見聰莫大於自
聞睿莫大於自慮此三者舉之甚輕行之甚邇
而人莫之知也故知者舉甚輕之事以任天下之
重行甚邇之路以窮天下之遠故德彌高基

【第十三紙】

重行甚近之路以窮天下之遠故位弥高基
弥固勝弥衆愛弥廣君子之於己也無事而不懼
焉我之有善懼人之未善好也我之不善懼人之
必吾惡也見人之善懼我之不能脩也見人之
不善懼我之必若彼也故君子不恤年之將衰
而憂志之有倦不寢道焉不宿義焉言而不
行斯寢道矣行而不時斯宿義矣是故君子
之務以行前言也民之過在於哀死而不愛生
悔往而不慎來喜語乎已然好争乎遂事隋於

【第十三紙】

悔往而不慎來善語乎已然好爭乎遂事墮於
今日而懈於後旬如斯如斯以及於老故孔子歎其
心曰師吾欲聞彼將以改此也聞彼而不以此改
雖聞何益小人朝為而夕求其成坐施而望其
及無一日之善而問終身之譽譽不至則曰善
無益矣遂疑聖人之言背先王之教存其舊
術順其所好是以身辱名賤而永為人役也

虛道

人之為德其猶器歟器虛則物注滿則止焉故
君子常虛其心志恭其容貌不以逸群之才加

君子常虛其心志恭其容貌不以逸群之才加
乎衆人之上視彼猶賢自視猶不足也故人願
告之而不猒誨之而不倦君子於善道也大則大
識之小則小識之善無大小咸載於心然後舉
而行之我之所有既不可奪而我之所無又取
於人是以功常前人而人後之也故夫才敏過人
未足貴也博辯過人未足貴也勇決過人未足
貴也君子之所貴者遷善懼其不及改惡恐其有餘故孔子曰顏
氏之子其殆庶幾乎有不善未嘗不知知之未

氏之子其殆庶幾乎有不善未嘗不知知之未
嘗復行夫惡猶疾也攻之則日益悛不攻則日
甚故君子之相求也非特興善也將以攻惡也惡
不廢則善不興自然之道也先民有言人之所
【第十四紙】
難者二樂知其惡者難以惡告人者難夫唯
君子然後能爲己之難能致人之所難也
夫酒食人之所愛也而人相見莫不進焉不吝
【第十五紙】
於所愛者以彼之耆之也使耆忠言甚於酒食人
豈其愛之乎故忠言之不出以未良耆之者也詩

豈其愛之乎故忠言之不出以未良者之有詩

云匪言不能胡斯畏忌也者遠察天際而不能近

見其背心亦如之君子誠知心之似目也是以務鑒

於人以觀得失故視不過垣墻之裏而見邦國之

表聽不過國蓺之內而聞千里之外因人之耳目

也人之耳目盡為我用則我之聽明无敵於天下矣

是謂一人之我萬人之我塞之我通之故其高不可

為首其廣不可為方先王之禮左史記言右史記

事師瞽誦詩矇僚箴誨器用載銘逆席書戒

車師瞽誦詩庶僚箴誨器用載銘筵席書戒
月考其為歲會其行所以自供也昔衛武公
年過九十猶夙夜不怠思聞訓道命其羣臣
曰無謂我老耄而舍我必朝夕交戒我乃與國之君未有不
然者也下愚反此道以為己既仁矣知矣神明矣
何求乎衆人是以辜罪昭著腥德發聞百姓
傷心鬼神怨痛若有告之者則曰斯辜也從生乎
予心出乎予口於是刑焉戮焉辱焉不然則曰是
我異懷故也未達我道故也又安足責是己之

我畢懷故也未達我道故也又安足責是己之
非遂初之纖至於身危國亡可痛矣夫

貴驗

事莫貴乎有驗莫弃乎無徵言之未有益
也不言未有損也水之寒也火之熱也金石之堅
剛也彼數物未嘗有言而人莫不知其然者信
著乎其體也使吾所行之信若彼數物誰其疑我
哉今不信吾所行而怨人之不信己猶教人執
鬼縛鬼而怨人之不得也惑亦甚矣孔子欲人
之信己則微言而篤行之篤行之則用日久用

之信已則嫉言而篤行之篤行之則用日久用
日久則章著明章著明有目者莫不見也有
耳者莫不聞也其可乎設根深而枝葉茂行久
而名譽遠人情也莫不惡謗而卒不免乎謗其
何故也非愛智力而不已之也已之之術反也謗之
爲名也逃之而愈至相之而愈未然之而愈多
明乎此則君子不足爲也闇乎此則小人不足
得也帝舜屢省禹拜昌言明乎此者也厲王
加戮吳起剝之闇乎此者也夫人也皆書名前策

【第十七紙】

加刃矣是趣剌之間乎此者也夫人也皆書名前策
着形列圖或為世法或為世戒可不慎與且聞
過而不思謂之喪心思而不改謂之失體喪
心之人禍亂之所及也君子舍旃君子不友不
如己者非羞彼而大我也不如己者須己慎者也
然則扶人不暇將誰相我哉吾之僨也亦無日
矣故墳庳則水縱友邪則己僻是以君子慎
所友孔子曰居而得賢友福之次也夫賢者
言足聽貌足象行足法加乎善獎人之義而

言足聽皃足衆行足法加乎善將人之義而
好攢人之過其不隱也如影其不諱也如響
故我之憚之若嚴君在堂而明神處室矣雖
欲爲不善其敢乎

覈辯

夫利口者心足以見小數言足以盡功辭給足
以應切問難足以旨俗疑然而好說不倦諓
也夫類族辨物之士者寡而愚闇不達之人者
多孰知其非乎此其所以無用而不可癈也賤
而不見遺也先王之法持言破律亂名改作行

而不見遺也先王之法析言破律亂名改作行僻而堅言僞而辯飾之爲其疑衆惑民而澆亂至道也

爵祿

古之制爵祿也爵以居有德祿以養有功大者其祿厚德遠者其爵尊功小者其祿薄德近者其爵卑是故觀其爵則別其人之德見其祿則知其人之功不待問之也古之君子貴爵祿者蓋以此也爵祿者先王之所重也爵祿之賤也由處之者不宜也賤其人斯賤其位矣其

【第十八紙】

賤也由處之者不宜也賤其人斯賤其位矣其
實也由處之者宜之也貴其人斯貴其位矣臧
黼裳君子之所服愛其悳故美其服也暴亂之
君非無此服民弗美也位也者立悳之機也勢
也者行義之杼也聖人蹈機握杼織成天地
之化使萬物順焉人倫正焉六合之内各充其
願其為寶不亦宜乎夫登高而建旌則所示
者廣矣順風而奮鐸則聞者遠矣非旌色
之益明非鐸聲之益長所託者然也況居富貴

之發明非鐘聲之發長所託者然也況居富貴之地而行其政令者也

務本

人君之大患也莫大乎詳小事而略於大道察於近物而闇於遠數自古及今未有如此而不亡也詳於小事察於近物者謂耳聽於絲竹歌謡之和目明乎彫琢采色之章口給乎辯慧切對之辭心通乎短言小說之文手習乎射御書數之巧體比乎俯仰般旋之容凡此數者觀之足以盡人之心學之足以動人之思且先王之

【第十九紙】

足以盡人之心學之足以動人之思且先王之
末教也非有小才智則亦不能為也是故能之
者莫不自悅乎其事而無取於人皆以不能逢
夫君居南面之尊秉殺生之權者其勢固足勝
人矣而加之以勝人之能懷足己之心誰敢犯之
者乎以匹夫行之猶莫敢規也而況於人君哉
故罪惡若山而已不見謗聲若雷而已不聞豈
不甚乎夫小事者味甘而大道者醇淡而近物
者易驗而遠數者難效非大明君子則不能兼

者易驗而遠數者難效非大明君子則不能兼
通也故皆惑於所見而不能至乎所溟睹於所
易而不能及於所難是以治君世寡而亂君世
多也故人之所務者其在大道遠數乎大道遠數
謂仁足以覆幬羣生惠足以撫養百姓明足之
以照見四方智足以統理萬哩萬物權足應變
云端義足以阜生財用威足以禁遏姧非足以平定
禍亂詳於聽受而審於官人達於廢興之源通於
安危之分如此則君道畢矣今使人君視如離婁

安危之分如此則君道畢矣今使人君視如離婁聽如師曠御如王良射如夷羿書如史籀計如隸首走追駟馬力析門鍵有此六者可謂善於有司之職何益於治乎無此者可謂乏於有司之職何增於亂乎叅隊仁義妨道壞矣何則小器不能容治亂又不繫於此而中才之人所好也昔潞豐舒晉智伯瑤之亡皆怙其三材恃其五賢而以不仁之故也故人君多伎藝好小智而不通於大道者祇足以拒諫者之說而鉗忠直者之口也祇足以追亡

【第二十紙】

足以拒諫者之說而鉗忠直者之口也祇足以追亡
國之跡而背安家之軌也不其然耶不其然耶

審大臣

帝者昧旦而視朝南面而聽天下將與誰為之
豈非群公卿士歟故大臣不可以不得其人也大
臣者君之股肱耳目也所以視聽也所以行事也
先王知其如是故博求聰明叡哲君子措諸上位
使執邦之政令焉執政聰明叡哲則其舉百僚
莫不任其職舉百僚莫不任其職則庶事莫不
致其治庶事莫不致其治則九牧之人莫不得

致其治庶事莫不致其治則九牧之人莫不得
其所故書曰元首明哉股肱良哉庶事康哉
凡亡國之君其朝未嘗无致治之臣也其府未嘗
無先王之書也然而不免乎亡者何也賢不用其
法不行也苟書法而不其事爵賢而不用其道
則法無異於路説而賢無異於木主也昔桀奔南
巢紂路于京厲流于彘幽滅于戲當是時也三
后之典尚在而良謀之臣猶存也下及春秋之世
楚有五擧左史倚相右史子革而霊王喪師衛

【第二十一紙】

楚有五舉左史倚相右史子革而靈王喪師衛
有大叔儀公子鱄遽伯玉而獻公出奔晉有趙宣孟
范武子而靈公被弑魯有子家羈叔孫婼而昭公
野死齊有晏平仲南史氏而莊公不免虞虢
有宮之奇舟之僑二國絕祀由是觀之苟不用賢雖
有无益也然彼亦知有馬必待乘之然後遠有
醫必待使之而後愈疾至於有賢則不知必待
用之而後興治也且國之君雖不用賢及其致人也
猶脩禮盡意不敢侮慢也至於王莽既不能用

循禮盡意不敢侮慢也至於王莽既不能用及其欲之也尚不能然莽之為人内實奸邪外慕古義亦聘求名儒徵命術士政煩教虐無以致之於是脅之以峻刑威之以重戮賢者恐懼莫敢不至徒張設虚名以夸海内莽亦卒以滅亡且莽之爵人也其實囚之也囚人者非必著桎梏而置之囹圄之謂也拘係之愁憂之之謂也使在朝之人欲進則不得陳其謀欲退不得安其身則以綸組為繩索以印佩為鉗

不得安其身則以綸組為繩索以印佩為鉗
鈇也小人雖樂之君子猶以為辱矣故明主之得
賢也得其心也非謂得其軀也苟得其軀
而不論其心斯与籠鳥檻獸未有異也則賢
者之於我也亦猶怨讎豈為我用哉日雖班萬
鍾之祿將何益歟故苟得其心萬里猶近苟
其心同衾為遠今不脩所以得賢者之心而務
循所以執賢者之身至於社稷顛覆宗廟廢
絶豈不哀哉孫子曰人主之患不在於言不

【第二十二紙】

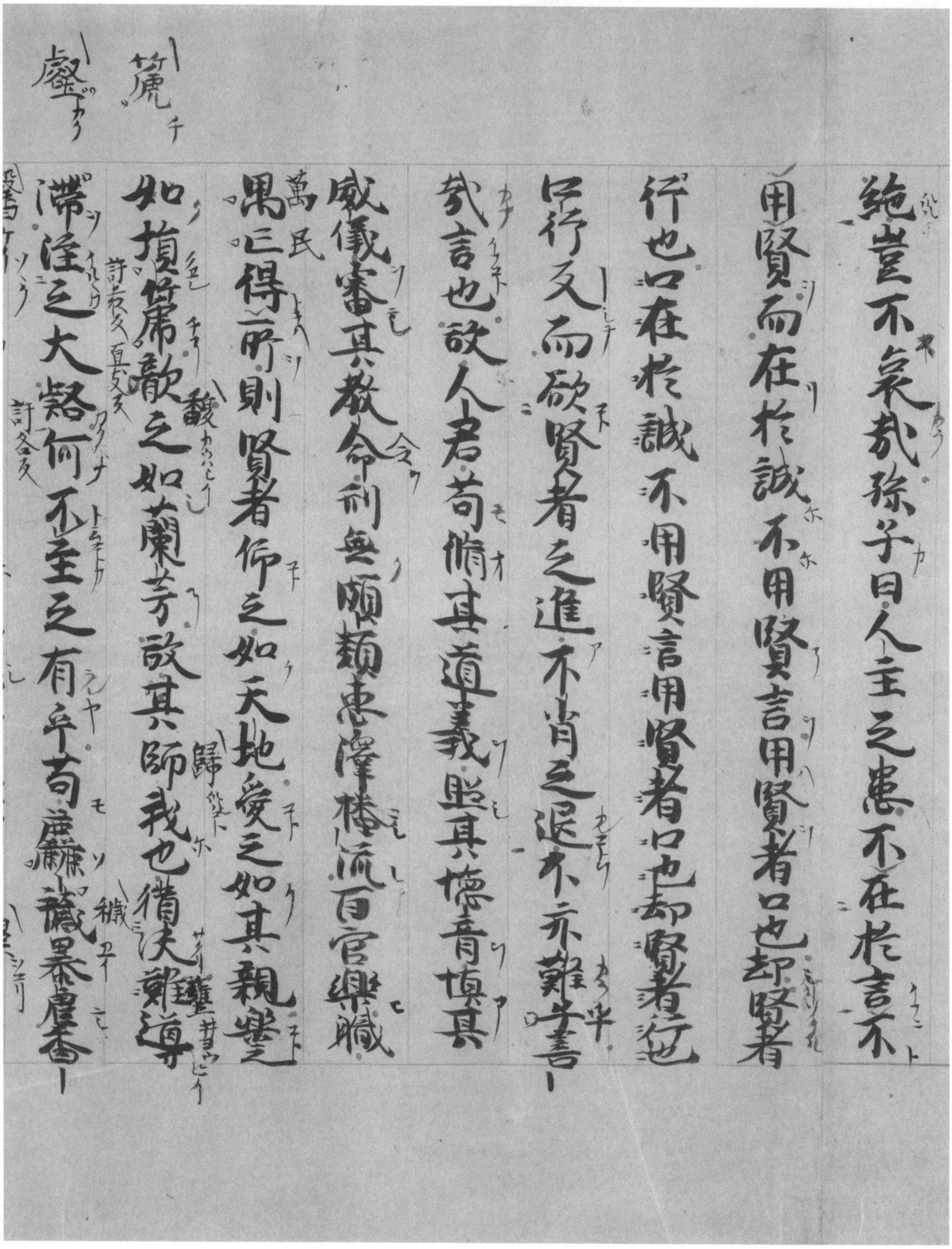
篪　壑

絶豈不哀哉孫子曰人主之患不在於言不
用賢而在於誠不用賢言用賢者口也却賢者
行也口在於識不用賢言用賢者口也却賢者行也
口行反而欲賢者之進不肖之退不亦難乎善
哉言也故人君苟脩其道義昭其德音愼其
威儀審其教令刑無頗類惠澤播流百官樂職
萬民得所則賢者仰之如天地愛之如其親戚
如塤篪歆之如蘭芳故其歸我也猶決壅導
滞注之大壑何不至之有乎苟麁穢暴虐馨

鑿

滯淫之大略何不至之有乎苟麤穢暴虐香
督不登讒邪在側殺戮不辜宮館崇侈妻
妾無度撰樂日縱征稅繁多財力匱竭怨毒
盈野矜己自得諫者被誅外内震騷遠近怨悲
則賢者之視我容貌如魍魎臺殿如狴牢采服
如衰絰哥樂號哭酒醴如滫滌肴饌如糞土
衆事舉措每元一善彼之惡我也如是其肯至
哉今不務明其義而徒設其祿可以獲小人難
以得君〻子〻者行不苟合立不易方不以天下

【第二十三紙】

以得君〻子〻以者行不苟合立不易方不以天下
枉道不以樂生害仁安可以祿誘哉羅強搏執
之而不獲已亦杜口佯愚苟免不暇國之安危
賞罰
將何賴政之大經有二賞罰之謂也人君明乎賞
罰之道則治不難矣賞罰者不在於必重而在
於必〻行〻則雖不重而民肅必不行也則雖重
而民怠故先王務賞罰之必行也夫當賞者
不賞則為善者失其本望而疑其所行當
罰者不罰則為惡者輕國而怙其所守苟如

罰者不誅則爲惡者輕國法而怙其所守苟如是也雖日用斧鉞於市而民不去惡矣日賜爵祿於朝而民不興善矣是以聖人不敢以親戚之恩而廢刑罰不以怨讎之忿而留慶賞之何故哉將以有救也故司馬法曰賞罰不踰時欲使民速見善惡之報也踰時且猶不可而況廢之者乎賞罰不可以疏亦不可以數數則所及者多疏則所漏者多賞罰不可以重亦不可以輕賞輕則不勸罰輕則不懼賞重則民徼幸罰重則民無聊

則不勸罰輕則不懼賞重則民徼倖罰重則民無聊
故先王明恕以聽之思中以平之而不失其節
也夫賞罰之於萬人猶轡策之於駟馬也轡
策之不調非徒遲速之分也至於覆車而摧轅
賞罰之不明非徒治亂之分也至於滅國而喪身
可不慎乎可不慎乎

復三年

天地之間含氣而生者莫知乎人人情之至痛
莫過乎喪親夫創巨者其日久痛甚者其愈
遲故聖王制三年之服所以稱情而立文為至

【第二十四紙】

遅故聖王制三年之服所以稱情而立文爲至
痛極也自天子至于庶人莫不由之帝王相
傳未有知其所從來者及孝文皇帝天姿謙
讓務崇簡易其將棄萬國乃顧臣子令勿行
久喪已葬則除之將以省煩勞而寛群下也觀
其詔文唯欲施乎己而已非爲漢室創制喪禮
而傳之於來世也後人遂奉而行焉莫之分理至
乎顯宗聖德欽明深照孝文一時之制又惟先王
之禮可以久遠是以世祖徂崩則斬衰三年孝

之禮可以久違是以世祖但崩則輒除三年孝
明既沒朝之大臣以己之私意付度嗣君之必
貪速除也拾之以太宗遺詔不惟孝子之心
衰慕未歇故令聖王之迹陵遲而莫遵短喪
之制遂行而不除斯誠可博之甚者也滕文
公小國之君耳加生周之末世禮教不行猶能改
前之失咨問於孟軻而服大喪三年豈況大漢配
天之主而廢三年之喪豈不惜哉且作法於仁
其弊猶薄道隆於己歷世則廢況以不仁之作

【第二十五紙】

其弊猶薄道除於己盛世則廢況以不仁之作
宣之於海內而望家有慈孝民懷歸厚不亦
難乎詩曰爾之教矣民胥效矣聖主若以遊宴
之間超然遠思覽周公之舊章咨顯宗之故事感
蓼蕭之義惡素冠之所刺發復古之懷音改大
宗之權令事行之後永為典式傳示萬代不刊
之道也昔之聖王制為禮法貴有常尊賤有等
差君子小人各司分職故下無僭上之愆而人
役財力能相供足也往者海內富民及工商之家

役財力耕相保足也往者海内富民及工商之家
資財巨萬役使奴婢多者以百數少者以十數斯
豈先王制禮之意哉夫國有四民不相干黷士
者勞心工農商者勞力勞心之謂君子勞力之
謂小人君子者治人小人者治於人治於人者食人
於治人者食於人百王之達義也今夫之懷而
居富之民宜治於人且食人者也役使奴婢不勞
筋力目喻頤指從容垂拱雖懷忠信之士讀聖哲
之書端委執笏列在朝位者何以加之且今之君

之書謁委執笏列在朝位者何以加之且今之君
子尚多貧匱家無奴婢既其有者不足供事
妻子勤勞躬自爨竈其何故也皆由内利之人
與之競逐又有紆青拖紫并兼之門使之然也
夫物有所盈則有所縮聖人知其如此故衰多
益寡稱物平施動爲之防不使過度是以治可致
也爲國而令廉讓君子不足如此而使貪人有
餘如彼非所以辯尊卑等貴賤財利尚道懐也
今太守令長得稱君者以慶賞刑威咸自己

【第二十六紙】

今太守令長得稱君者以慶賞刑威咸自己
出也民畜奴婢或至數百慶賞刑威亦自己
出則與郡縣長吏又何以異夫奴婢雖賤俱含五
常本帝王良民而使編戶小人為己役哀窮
失所猶無告訴豈不枉哉今自斗食佐史以
至諸侯王皆治民人者也宜畜奴婢農工
商及給趨走使令者皆勞力躬作治於人者也宜
不得畜昔孝哀皇帝即位師丹輔政建議令
畜田宅奴婢者有限時丁傅用事董賢貴寵

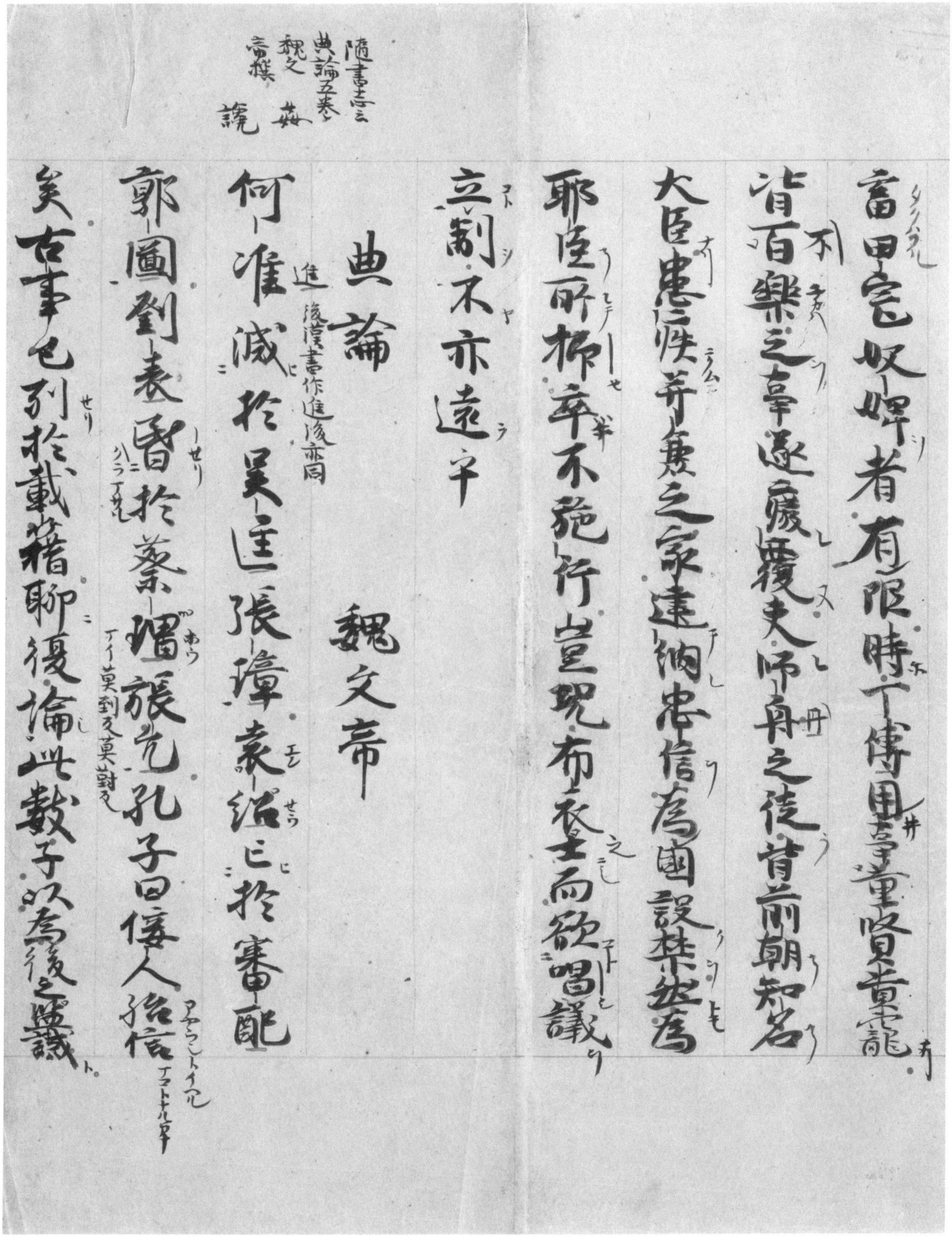

畜田宅奴婢者有限時丁傅用事董賢貴寵

皆不樂之事遂寢廢夫師丹之徒皆前朝知名

大臣患疾并兼之家建納忠信爲國設禁然爲

邪臣所抑卒不施行豈況布衣之士而欲唱議

立制不亦遠乎

典論　　魏文帝

何進滅於吳匡張璋袁紹亡於審配

郭圖劉表昏於蔡瑁張允孔子曰佞人殆信

矣古事已列於載籍聊復論此數子以爲後之鑒識

【第二十八紙】

【第二十九紙】

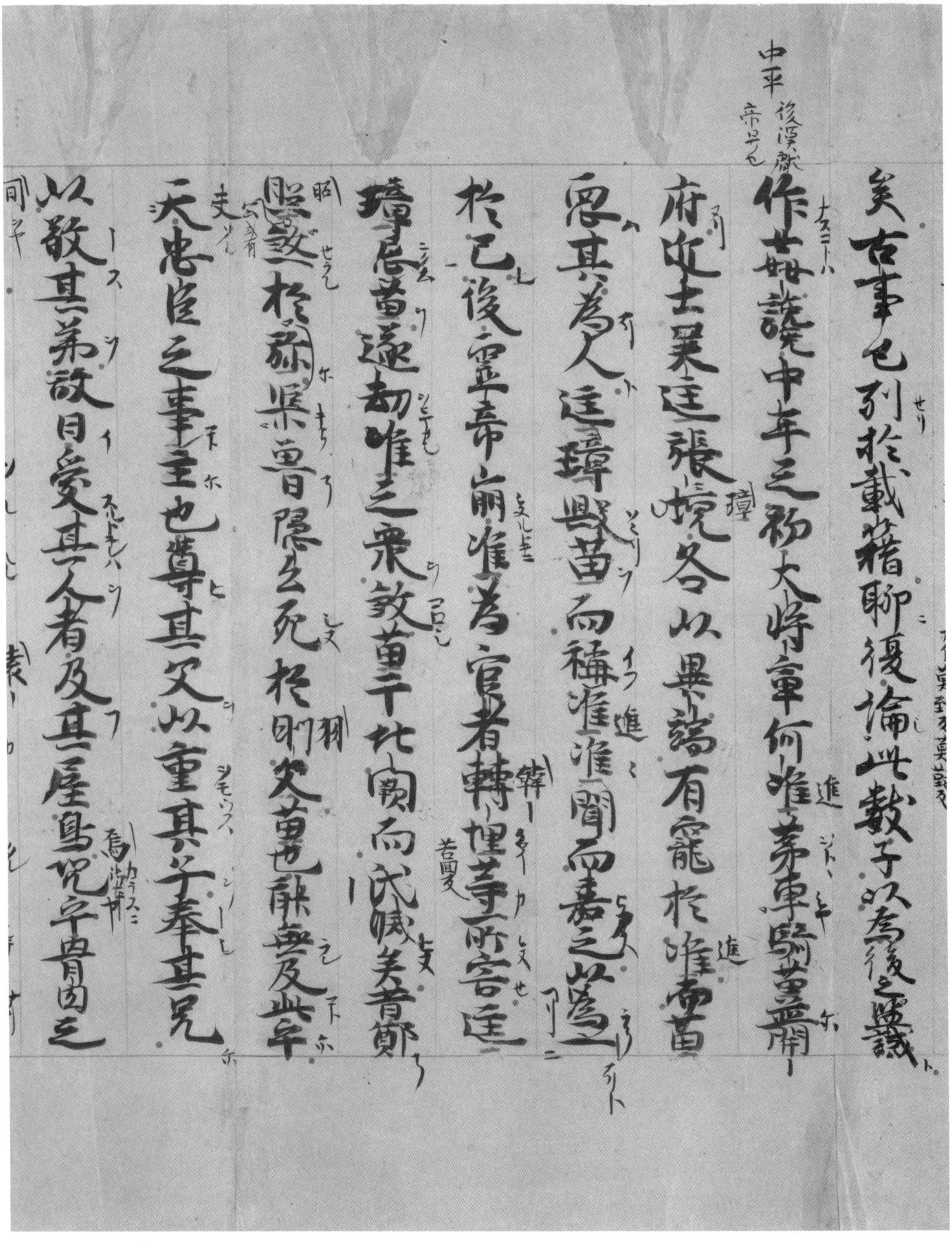
456 矣古事已列於載籍聊復論此數子以為後之鑒識
457 （中平 後漢獻帝号也）作難護中年之初大將軍何進弟車騎苗並開
458 府近士吳匡張璋各以異端有寵於進而苗
459 忌其為人匡璋毀苗而稱進進聞而嘉之以為
460 於己後靈帝崩進為宦者韓悝等所害匡
461 璋匡遂劫進之衆殺苗于北闕而武賊矣昔鄭
462 照致於孫果曾日隱忍死於明父苗也賊無及此乎
463 夫忠臣之事主也尊其父以重其子奉其兄
464 以敬其弟故曰愛其人者及其屋烏況乎骨肉之

以敬其弟故曰愛其人者及其屋烏況乎骨肉之
間哉而唯獨何已袁紹之子譚長而慧尚少
而美紹妻愛尚數稱其才紹亦雅奇其貌欲
以為後未顯而紹死別駕審配護軍逢紀宿
以驕侈為譚所不善於是外順紹妻內慮私
害矯紹之遺命奉尚為嗣潁川郭圖辛評與
配紀有隙懼有後患相與依譚盛陳嫡長之義
激以絀降之辱勸其為亂而譚亦素有意焉
與尚親振干戈欲相屠裂王師承天人之符

與尚親振干戈欲相屠裂王師赫天人之符
應以啓泰乎河朔遂走尚梟譚會龍威圖二
子既殲臣無餘紹遇自達得叔草雉之誅假
士民之力東苞滄海之實西舉含音之地南阻
白渠黃河北有勁弓胡馬地方二千里兵數
十萬可謂盛矣尚此之時無敵於天下視霸王
易於反掌而不能抑遏愚妻顯別嫡庶婉
戀私愛寵子以貌其後敗績喪師身以疾死
邪臣飾辭二子相屠墳土未乾而宗廟為墟

【第三十紙】

耶臣竊悲二子相屠墳土未乾而宗廟為墟
其誤至矣劉表長子曰琦表始愛之稱其類己
久之為少子琮納後妻蔡氏之姪至蔡氏有
寵其弟蔡瑁表甥張允並幸於表憚琦之
長欲圖毀之而琮日睦於蔡氏瑁允為之先後
琮之有善雖小必聞有過雖大必蔽蔡氏稱
美於内瑁允歎德於外表日然之而琦益疏矣出
為江夏太守監兵於外瑁允陰目其過闕隨
而毀之美無顯而不掩闕無微而不露於是表

而敗之美无顯而不掩闕无微而不露於是表忿怨之色日發譖讓之書日至而琮堅為嗣矣容刀生於身疏積愛出於近習豈謂是耶者也泄柳申詳无人乎穆公之側則不能安其身君臣則然父子亦猶是乎後表疾病琦歸省疾琦素慈孝瑁允恐其見表父子相感更有託後之意謂曰將軍之命君撫臨江夏為國東藩其任至重今釋衆而來必見譴怒傷親之歡以增其疾非孝敬也遂遏于戶外使不得見琦流

【第三十一紙】

其疾非孝敬也遂遏于戶外使不得見琦流
涕而去士民聞而傷焉雖易牙乘杜宮豎牛虛
亶何以加此琦豈忘晨鳥比犬之獻乎潭尸
歸而不達何言千里之中山甫文子三問可
至是也表卒琮竟嗣立以侯與琦琦怒投印偽
辭奔喪內有討瑁允之意會王師已臨其境琮
舉州請罪琦遂奔于江南昔伊戾費忌以无寵
而作讒江充焚豐以負罪而造蠱高斯之詐
也貪權躬寵之罔也欲貴皆近取乎骨肉之間

【第三十二紙】

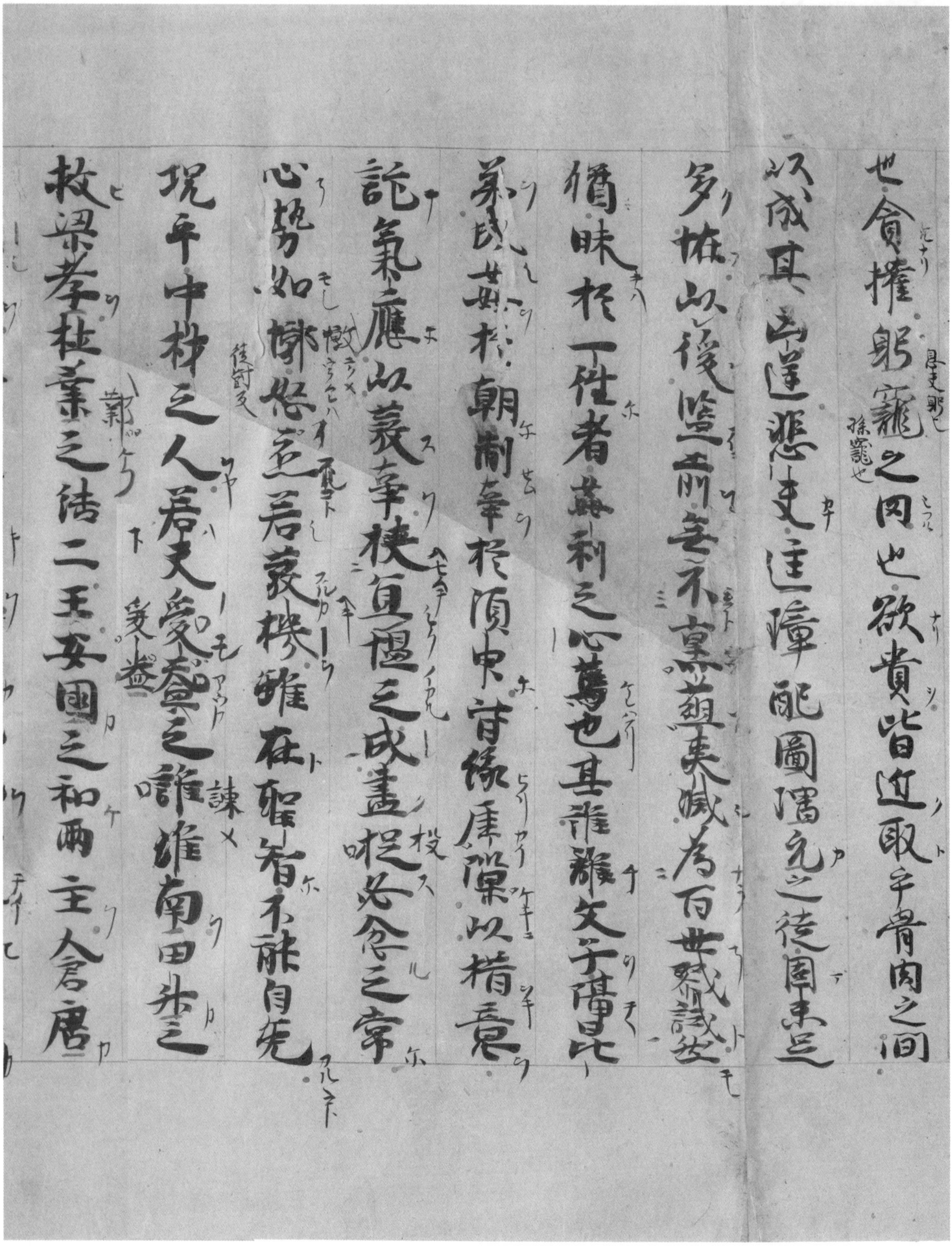

也貪權躬寵之罔也欲貴皆近取乎骨肉之間

以成其凶逆悲夫違障能圖潤色之徒周末之

多故以後監前莫不覃思焉矣為百世戒識也

猶昧於一往者蓋利之心篤也其雖難文子陽乜

苐氏英於朝制章於須臾背緣庳深以精意

詭氣應以哀章棟宜揠之戒盡捏兒念之常

心勢如懟怒之若哀機雖在聖智不能自免

況乎中材之人若夫愛憎之誰維南田弗之

救梁孝祛葉之誥二王安國之和兩主入宮居

救梁孝杜葉之結二王安國之和兩主入倉唐之稱詩史丹之引過周昌犯色以廷爭朱游切諫以陳誠三老抗疏以理冤千秋託靈以寤主彼數子者或顯德於前朝或揚聲於后世或累遷而登相或受金於帝室其言既酬福亦隨之斯可謂善處骨肉之間矣

内誡

三代之亡由乎婦人故詩刺豔女書誡牝雞已著在篇籍矣近事之若此者衆或在布衣細人其失不足以敗政亂俗至於二袁過寵

【第三十三紙】

细人其失不足以敗政亂俗至於三衰過禍
聲若一去寘豪士而銜之失俗以之滅斯有國
者所宜慎也是以錄之篇以為誡于後作內
識古之有國有家者無不患貴臣擅朝寵妾
專室故女無美惡入宮見妬士無賢愚入朝
見嫉夫寵幸之欲專愛擅權其來尚矣並莫不
恭慎於明世而淫僻於闇時者處主以行者
也故龍陽臨釣而泣以塞美人之路鄭袖偽隆
其愛以殘魏女之貌日穀馮方女國危也世亂

其愛以殘親女之貌曰嚴馮方女國色也世亂
避地楊州袁術登城見而悅之遂納焉甚
愛幸之諸婦害其寵語言將軍貴人有
志節當時涕泣示憂慼必長見敬重馮
氏代女以為然後見術輒垂涕術果以為有心
志益哀之諸婦因是共絞殺懸之廁梁言自
歎術誠以為不得志而死厚加殯斂紹妻
劉氏甚妬忌紹死僵尸未殯寵妾五人妻盡
殺之以為死者有知當復見紹乃髡頭墨面

【第三十四紙】

欽之以為死者有知當復見紹乃髠頭墨面
以毀其形追妬亡魂戮及死人惡婦之為一至是
哉其少子尚又為盡殺死者之家婚説惡母
蔑死先父行暴逆亡大義滅其宜矣紹聽順
妻意欲以尚為嗣又不時決定身死而二子爭
國舉兵宣墜之地社稷為墟上定冀州屯其舍
紹之弟余親涉其庭登其堂遊其閣寢其
房棟宇未墮階除自若忽然而他姓處之
紹雖蔽乎亦由惡婦

紹雖蔽乎亦由惡婦

群書治要卷第卌六

誂差別以蓮花王院本點校了

本奥書云　越後守平（花押）

長寛二年六月三日點進之

元來無點本之上文字多闕謬

頗雖刊正猶有不通仍加押紙粗

元來無點本之上文字多闕謬
頗雖刊正猶有不通仍加押紙粗
呈其所
助教清原眞人賴業

圖書寮
番號 117
冊數 48
函號 特 3

【第一紙】

群書治要卷第卌七　秘書監鉅鹿男臣魏徵等奉勅撰

劉廙別傳　政論注　蔣子　目偹政　世要論

劉廙別傳

偹政

【第二紙】

夫爲政者，譬猶工匠之造屋也。廣度既成，衆椽不安，則梁棟爲之斷折；一物不偹，則千柱爲之並廢。善爲屋者，知梁椽之不可以不安，故棟梁常存；知一物之不可以不偹，故衆椽與之共成

知一物之可以不備故衆棖與之共成
也善爲政者知一事之不可闕也故
無物而不惜知一是之不可失也故衆
非與之共得其不然者難一事之爲
少忽而闕焉不知衆物與之共多也
觀一非之爲小也輕而蹈焉不知衆
是與之共失也夫政之相須猶輗軏
之在車無輗軏猶可以少進也謂
之歷遠而不顛躓者未之有也夫爲

【第三紙】

之歷遠而不頓躓者未之有也夫為
政者輕一失而不矜之猶乘無鎋之
車安其少進而不覩其頓之患也
近故無不覩焉國之患遠故無不忽
焉知其體者夕惕若厲慎其微矣
夫為政者莫善於清其吏也故選
託於由夷而又威之以篤罰欲其貪
之必懲令之必從也而姦益多巧彌
大何也知清之為清而不知所以清

大何也知清之為清而不知所以清
之故免而無恥也日欲其清而薄其祿
〻薄所以不得成其清夫飢寒切
於肌膚固人情之所難也其甚又將使
其父不父子不子兄不兄弟不弟夫不夫婦
不婦矣貧則仁義之事狭而怨望之
心篤從政者捐私門而委身於公朝榮
不足以光室族祿不足以代其身骨肉
飢寒離怨於内朋友離叛裹捐於外爵

【第四紙】

飢寒離悉於內朋友離散衰損於外虧
仁孝損名譽然守之而不易者萬無一
也不能原其所以然又將佐其室族之
不和合閨門之不登也疑其名必將惡其
實因而下之不移之士雖苦身於內冒
謗於外損私門之患畢死力於國然猶
未獲見信之衷不免黜放之罪故守
清者死於濂磬而猶有遺謗於世也
為之主雖其罰至重雖能為之武人知

為之至難其罰至重雖能為之哉人知
守清之必困於終也遠清而又懼罰
之及其身也故不為昭〻之行而咸思闇
昧之利姦巧機於內而虛名逸於外人
主貴其虛名而不知賤其所以為名也
虛名歃於世姦實隱於身人主眩其虛
名必有以闇其實矣故日而貴之斂而用之
此所謂惡貪而罰於由蠢好清而賞於
盜也名實相違好惡相錯此欲清而不知

賂也名實相遠好惡相錯此欲清而不知
重其祿之故也不知重其祿非徒失於清
也又將使清亂於私而智周於欺推此一
失以至於欺苟欺之行何事而不亂哉故
知清而不知所以重其祿者則欺而濁知
重其祿而不知所以少其吏者則竭而不足
知少其吏而不知所以盡其力者則事繁
而職闕凡此數事相須而成偏廢則有者
不為用矣其餘放散無事而不若此者也不

【第五紙】

不為用矣其餘放散無事而不若此者也不
若此者也不可得一二而載之耳故明君
必須良佐而後致治非良佐能獨治也必須
善法有以用之夫君猶醫也臣猶鍼也
法陰陽補寫也鍼非人不入人非鍼不徹於
病二者既脩而不知陰陽補寫則無益於
疾也人既逢失之哉今用鍼而不在於善術
使所鍼必死矣遳也欲其疾之療亦遠良醫
急於速療而不恃鍼入之無悪也明君急

急於速療而不恃鍼入之無恙也明君急
於治平而不恃其之不便也
正名　夫名不正則其事錯矣物無制
則其用淫矣錯則無以知其實淫則無以
其實淫則無以禁其非故王者必正名
以督其實制物以息其非名其何以正之
哉曰行不美則名不得稱〻必實所以
然其所以然故實無不稱於名名無不當
於實也曰然又何以制之哉曰物可以養生

【第六紙】

於寶也日蝕又何以制之哉曰物可以養生
而不可廢之於民者富之備之無益於
養生而可以寶於世者則隨尊卑而為
之制使不為此官不得服此服不得備此
飾故其物甚可欲民不得服雖捐之曠野
而民不敢取也雖簡於禁而民皆無欲
也是以民一於業本務而末息有益之物
阜而賤無益之寶省而貴其所謂貴者
民貴顧之也匪貫貴於布也故其取患

民貴顧之也匪貴貴於帝也故其惠
其民潔其法易其業大者人曰唯器與
若不可以假人其此之謂與
愼愛　夫人主莫不愛〻她而莫知愛
己者之不足愛也故惑小臣之佞而不
能廢也忘違己之益而不能用也夫
之為猛也莫不愛其主矣見主則騰
踊而不能自禁此歡愛之甚也有非則
鳴吠而不違於夙夜此自效之至也昔

鳴吠而不惶於夙夜此自效之至也昔
宋人有沽酒者酒酸而不集何也其
有猛犬之故也夫犬知愛其主而不能
為其主慮酒酸之患者不嗟也夫小
臣之欲忠其主也知愛之而不能去其
嫉妬之心人安能敬有道為己顯禆
挈之佐哉此養犬以求貧愛小臣
臣以喪良賢也悲夫為國者之不可
不察也

【第七紙】

不察也

審愛　為人君者莫不利小人以廣其視聽謂視聽之可以益於己也今彼有惡而己不見無善而己愛之者何也智不周其惡而義不能割其情也己不能割情於所愛慮不能覩其得失之機彼亦能見己成敗於所闇割私情以事其上哉其勢適足以厚姦人之資此朋書若之所以日固獨善

人之資此朋書若之所以日固獨善
之所以孤弄也故視聽日多而闇蔽日
甚豈不誣哉
欲告夫人君莫不願衆心之一於巳也
而疾姦黨之比於人也欲得之而不知
所以得之故欲之益甚而不可得亦甚
疾之益力而爲之者益勤矣何也彼
將怨其黨也任之而不知所以信之
朝任其身夕譭於惡之無毀實善無

朝任其身夕謗於惡〻無毀實善無
賞於事無小大謗而後知彼衆之不必
同於道也又知謗之不能也於己也雖
至誠至忠俾曾參以事甚親借龍逢
以貫其忠猶將[illegible]於秋吏況世俗之庸
臣哉故爲君而欲使其臣之無黨者得

【第八紙】

其人也得其人而使必盡節於國者信
之於己也
自古人君莫不願忠賢而用之也既得之

自古人君莫不願忠賢而用之也既得之
莫不訪之於衆人也忠於君者豈能必
利於人苟無利於人又何能保譽於人
哉故常願之於心而常先之於人也非願
之之不篤而失之也所以定之之術非也
故為忠者獲小賞而大乖違於人恃人
君之獨知之耳而歡謗之於人此為忠者
福無幾而禍不測於身也得於君不
過斯須之歡失於君而終身之故患何貴

過斬須之歡失於君而終身之故長何貴
名而賓窮於罰也是以忠者逝而遜智者
慮而不為之忠者不利為不忠者利惡利矣利
之所在人無不欲人無不欲故無不為不忠
矣為君者以一人而獨慮於衆姦之上雖至
明而循用於見闇又況庸君之能觀之哉庸
人知忠之無益於己而私名之名之可以得
於人得於人可以重於君也故篤私交薄公
義為己者殖而長之為國也抑而割之是以真

【第九紙】

義為己者殖而長之為國也柳而割之是以真
賢之人嬖於國阿欲之人盈於朝矣由是季
之患隆而曆曾之政衰也雖成之市朝亦
之刀銛私欲益盛曆曾日困何也誠盛之
以言而賞之以賞也好惡相錯政令日弊昔
人日為君難不其然哉
任臣　人君所以尊敬人臣者以其知任
人臣委所信而保治於己也是以其聽察
其明照身日高視而日下事日遠而聽日

其明照身日高視而日下事日遠而聽日
近業雖難而身雖易功雖多而勤雖少也若多
疑而自任也則其臣不思其所以爲國慮
其所以得於君深其討而淺其事以求其指
稱人雖淺之則不陷於之難人雖深之則進而
順之以取其心所闕者患於國而難明於君
者也所備者不必患於國而易行於時者也
日所貴者之故能同其貴因其所賤者賤
之故能殊於賤其所貴者不必賢所賤者

【第十紙】

之故能殊於賤其所貴者不必賢所賤者
不必愚也家懷目前之術人爲悅心易見
之行吏奚大者深而難明利長者不可以倉
卒平欣也故難明長利之事廢於世阿易見
之行塞於側爲非不知過智困不知其所
爲天下共一人之智以一人而獨治於四海之
内也其業大其智寡豈不蔽哉以蔽畫而
臨不量之阿欲能不惑其功者未之有也苟
惑之則人得其志矣人得其志則君之志

慮之則人得其志矣人得其志則君之志
失矣君勞臣逸上下易所是更為臣而万
臣為君也以一臣而事万君鮮不用矣有不
用人之名而終為人所用也是以明主慎之
不貴知所用於己而貴知所用於人能用人故
人無不為己用也昔舜恭己正南面而已
天下不多臯陶稷契之數而貴聖舜獨
治之功故曰為之者不必名其功獲其業
者不必勤其身也其舜之謂與

者不必勤其身也其衆之謂與
下視夫自足者不足自明者不明日月至
光至大而有所不遍者以其高於衆之上
也燈燭至微至小而世不可之者以其明
之下能照日月之所蔽也聖人能覩往知
來不下堂而知四方蕭墻之表有所不喩焉
誠無所以知之也夫有所以知之無遠而不覩
無所以知之雖近不知童昏之履之也人豈
喩於日月而背賢於聖哉故高於人之上

【第十一紙】

踰於日月而背賢於聖哉故高於人之上
者必有以應塵於人其察之也視下視下者之
詳矣人君誠能知所不知不遺燈燭章皆
之見故無不可知而不知也何幽冥之不盡
况人情之足蔽哉

蔣子萬機論　蔣濟

政略　夫君王之治必須賢佐然後為
泰故君稱元首臣為股肱譬之一體相而
行也是以陶唐欽明羲氏平秩有虞明智

行也是以陶唐欽明羲氏平秩有虞明目
元凱敷教皆此君唱臣和同高天功故能
天成地平咸熙於穆盛惪之治也夫隨俗
樹化因世建業慎在務三而已一曰擇人二曰
因民三曰從時〻移而不移違天之祥也
民望而不因違人之咎也好善而不能擇
人敗官之患也三者失則天人之事悖矣
夫人非人非則時〻違〻則天違天違而望
國安未有也

【第十二紙】

國安未有也
夫讒患之臣者佞猾之徵爲佞黠之民
不事家事煩擾鄉黨以見廉賤因反
老子經注曰忌諱者防禁也
怨恨看國家忌諱造誹謗崇飾惡言
醜語被以叛逆告白長吏長吏或內利疾
惡盡節之名外以爲功效使無罪并兩滅
族文子孫耄肝腦塗地豈不剮哉求媚
之臣側入取舍取舍雖蒸子唉君孤已悅
主而不悼也況因補救之時無悅親之民

主而不悼也況因捕叛之時無慨親之民
必獲盡節之稱乎夫違誹謗庫書叛
逆佞黠之民也而詐忠者知而模之亂國
之大殘不可不察也
用奇　或曰官人用士累功積敘以次相
敘明主之法忠臣之節盡矣若拔奇求畢
超等踰第非臣之事也應之曰顧當憂
世無奇人儻有又不能識耳明法忠節未
必已盡也自昔五帝之前固有黜陟之

必已盡也自昔五帝之衰因有黜陟之
謨矣漢勤揚側陋殷有考績之誥矣漢
力索巖穴西伯有呈效之譽矣漢旁求
冥鈞小伯有胥謀之法矣漢遷求因停
漢祖有賞爵之約矣漢急進巨信若脩敘
爲明法棱奇爲非事是兩帝三君非醒
詰而黜蕭非忠吏也然則考功案第守
成之法也棱奇取異定社禝之事也當
多事之世而論無事之處用奇之時

【第十三紙】

多事之世而論無事之處用奇之時
而必効一官之智此所以上古多無嚴之
國也是以高世之主成功之臣莫不以
御常人厚禮以延奇遠求之者不及索
之者骨肉故能消突除難君臣同列也
曩使五主二臣帝於有司來於稍常不
念譸諮則唐氏康哉之歌不作殷無高
宗之稱周無殪高雅頌之美齊無九合
功漢殲於京索而不帝兵故明君良臣

切漢藏於京索而不帝兵故明君良臣
垂意於奇異誠欲濟其事也使奇異
填於海壑有國者將不興其治矣
漢元帝為太子時諫持法泰深求用儒
生宣帝作色怒之云俗儒不達不足任
亂吾家者太子也擾如斯言漢之中微
職由宣帝非太子也乃知班固步驟盛
衰發明是非之理并遠古史遠矣昔
秦穆公近納英儒招致智辯富國強兵

【第十四紙】

秦穆公近納英儒招致智辯富國強兵至于始皇兼歷世餘威呑六國建帝號而阬儒任刑疏扶蘇之諫外蒙恬之直受胡亥之曲信趙高之謀身沒三歲秦無噍類矣前史書二世之禍始皇所起也漢祖初以三章結黔首之心並任儒辯以并諸侯後因漏呑舟之姦民樸謹天下大治宣帝受六世之法業繼武照之威法四夷怖征伐之威生

業繼武昭之後法四表怖征伐之威生
民厭兵革之苦海內歸勢適當安樂
時也而以峻法繩下賤儒貴刑名是時
名則石顯弘恭之徒便僻危嶮杜塞公論
論專制於事使其君負無窮之謗也如
此誰果亂宣帝家哉向使宣帝豫料
柱石之士骨鯁之臣屬之社稷不令宦
豎泉持天機豈近於元世棟橈樑崩哉
世間漢為斬家武權討之始皇任刑禍

年間漢為虧家武權討之始皇任刑禍
近及身宣帝好刑短褒天下不周於秦
禍少者耳
世要論　桓範
為君難　或曰仲尼稱為君難夫人君者處
處尊高之位執賞罰之柄用人之才自
人之力何為不成何求不得功立則受
其功治成則厚其福故官人舉也治水禹
也稼穡弃也理訟皋陶也堯無事焉

【第十五紙】

也稼穡弃也理訟臯陶也尭無事焉
而由之聖治何為君難耶曰夫其所以
為難也夫日月照於晝夜風雨潤動於
萬物陰陽代以生殺四時迭以成歲不見
天事而循貴之者其所以運氣陶演協
協和施化背天之為也是以天万物之覆
君万物之燾也懐生之類有不浸潤於擇澤
者天以為負負有之民有不霑濡於
恵者君以為恥是以在上者體人君

惠者君以為恥是以在上者體人君
之大意懐恤下之小心闡化立教必以
道教言則通四海行政則動萬
物惠之於心思之於内布之於天下正身
於廟堂之上而化應於千里之外雖黈
纊塞耳隱屏而居照達情燭於宇宙
動作周旋无事不慮服一綵則念女功之
勞御一穀則恤農夫之勤決不聽之獄則
懼刑之不中進一士之爵則恐官之失賢

【第十七紙】

懼刑之不中進一士之爵則恐官之失賢
賞豪氂之善必有所勸罰纖介之惡必
有所沮使化若春氣澤如時雨消敗枯
之人移薄偽之俗救衰世之弊反之於
上古之朴至悳加於天下惠厚施於百
姓故民仰之如天地愛之如父母敬之如神
明畏之如雷霆且佐治之臣歷世難遇庸
人衆而賢才寡是故君人者不能皆
得稷契之幹伊呂之輔猶造父不能皆

【第十八紙】

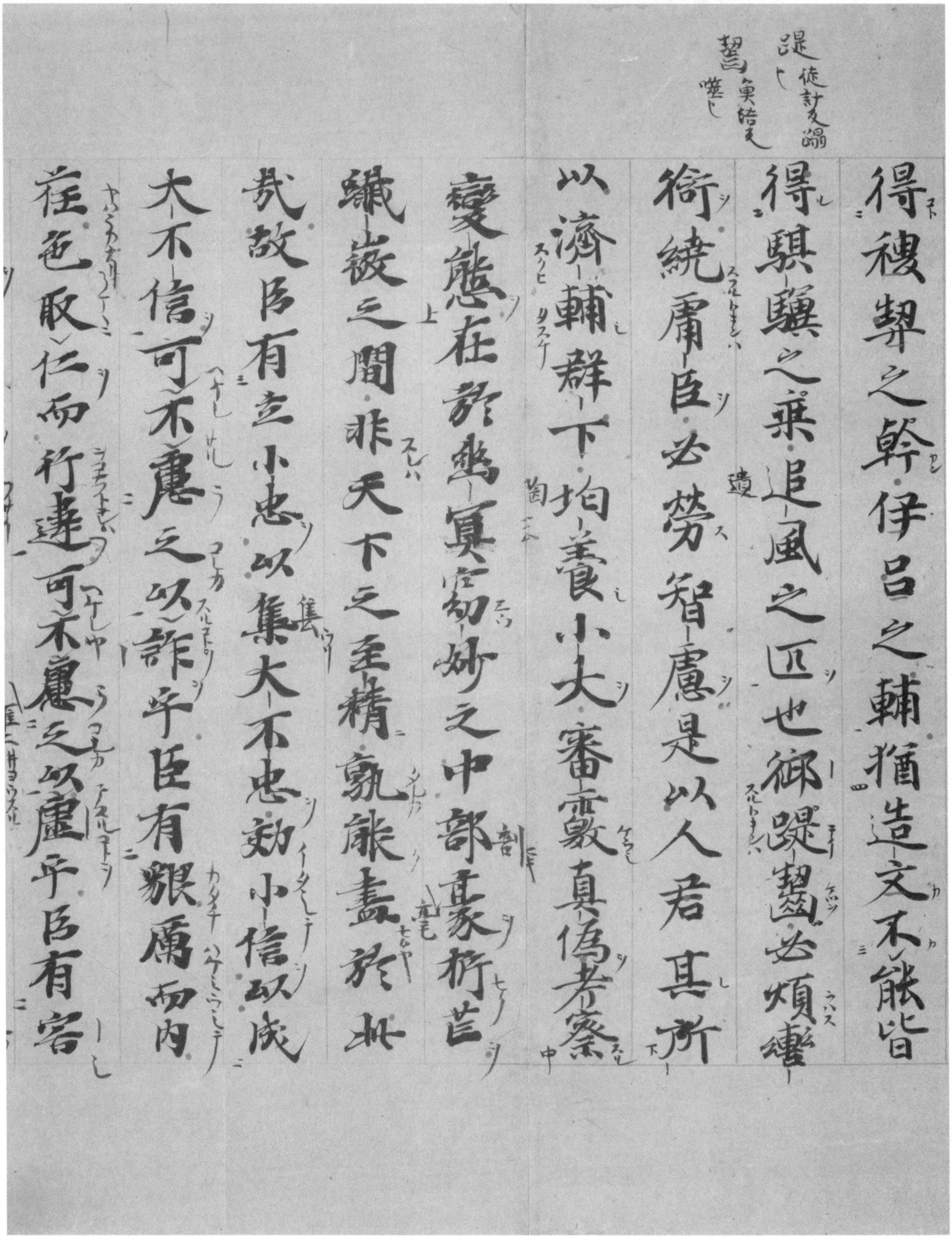

得稷契之幹伊呂之輔猶造父不能皆
得騏驥之乘追風之匠也御騠騱必煩轡
銜統庸臣必勞智慮是以人君其所
以濟輔群下均養小大審覈眞偽考察
變態在於幽冥窈妙之中割豪析芒
纖微之間非天下之至精孰能盡於此
哉故臣有立小忠以集大不忠効小信以成
大不信可不慮之以詐乎臣有貌厲而內
荏色取仁而行違可不慮之以虛乎臣有容

荏色取仁而行違可不慮之以虛乎臣有害
同儕以專朝塞下情以壅上可不慮之以
嫉乎臣有進邪說以亂是因似象以傷賢可
可不慮之以姧乎臣有因賞以恩因罰以佐威
可不慮之以姧乎臣有外顯相薦內陰相謀事託
公而實使私可不慮之以欺乎臣有事左右以
求進託重臣以自結可不慮之以偽乎臣有
和同以取諧苟合以求薦可不慮之以禍乎
臣有悅君意以求親悅主言以取容可不慮

【第十九紙】

臣有悅君意以求親悅主言以取容可不慮
之乎此九慮者所以防惡也臣有辟拙而意工言
逆而事順可不慮之以直乎臣有樸騃而辞
訥外疏而内敏可不慮之以質乎臣有犯難
以為士離謗以為国可不慮之以忠乎臣有守
正以逆衆意執法而違私怨可不慮之以公乎
臣有不曲已以求合不稱世以取容可不慮之
以貞乎臣有從側陋而進願言由卑賤而陳
国事可不慮之以難乎臣有孤特而執節分

國事可不怨之以難乎臣有孤特而執節分
立而見疑可不怨之以劾乎此七怨者所以
進善接下之理也御臣之道豈徒七怨九慮而
已哉　臣不易　昔孔子言為臣不易或人以
以為易言臣之事君供職奉命勅身恭己
忠順而已忠則獲寵安之福順則無危辱
之憂易為不易哉此言似易論之甚難夫
君臣之接以愚奉智不易以明事闇為
難唯以賢事聖以聖事賢為可然賢聖相

【第二十紙】

雖唯以賢事聖以聖事賢爲可並賢聖相
遭既稱又周公之於成王猶未能得斯誠
不易也且父子以恩親君臣以義固恩
有所爲虧況義能無所爲欺哉苟有虧
欺亦何容易且夫事君者有竭忠義之道
盡忠義之節服勞辱之事當危亡之難
肝腦塗地膏液潤草而不辭者以安上
治民宣化成德使君爲一代之聖明己
爲一世之良輔輔千乘則念過管晏佐

爲一君之良輔〻千乘則念過管晏佐
天下則思醜稷禼豈爲七尺之軀寵一官
之貴貪充家之祿榮華曜之難哉以
忠臣之事主投命委身期於成功立事
便國利民故不爲難易變節安危革行
也然爲大臣者或仍舊意藉故勢或覌
見稜擢重任其所以保寵成巧兼上安
下則當遂威權之地避嫌疑之分知戮
盈之數違止足之義動循典禮事念忠

盈之數違止足之義勸依典禮事令忠
篤乃黨匡上之行諫主之非獻可替否
匪躬之故剛亦亦吐柔亦不茹所謂大
臣以道事君也雖當託於幽微當行於隱
審使惡各從己身而衆善自君最為群
寮之表式作万官之儀範豈得偷榮容
悅而已哉然或為邪臣所譖辜所亂聽
一疑而不見信事似無而不可釋忠討
詭而為善事變而惡罪結於天無所禱

詭而為善事變而惡罪結於天無所禱
禱請激直言而无所諱深者即時伏誅淺
者以黜斥逐放弃蓋比干龍逢所以見害
於飛廉惡來孔子周公所以見毀於管蔡
季孫也斯則大臣所以不易為小臣者
得任則治其職受事脩其業思不出其
位慮不過其責竭力致誠忠信而已然或用辱而否
厭抑而失所是以賢者或非其議擧非其
事不著其陋不嫌其卑庶貫一言而利一

事不羞其陋不嫌其卑處賤一言而利一
事然以至輕至微至疏至賤千萬棄之主
約以禮義之度隨以行事之非忤執政之
之臣暴其所短說合則親自若不當則離
禍害或計不欲人知事不從人穢而已禁誅
過合陳偶同上者或顯職執其身以神其計在
下者或妬其人而奪其寵盡開忠見殺於鄭
韓非受誅於秦龐涓則孫臏之足魏齊折
應侯之齒斯又孤官小臣所以難也爲小

【第二十二紙】

應使之賀斯又孤官小臣所以難也爲小
臣者一當俗恭躁日出內推先進賏詐等
執心審奮忠上愛主媚不求寵而已若爲苟若無
患爲外人所彈邪臣所嫉以讒近而言易身
親而見信奉公使私之吏求官之以見直傑
奸枉邪之臣欲除之以忠言有若是事
有似鉏雝文子之間猶不能明况臣之於君
而得之乎故上官毀屈平爰盎讒朝錯公
孫排主父張湯陷嚴助夫數子者雖亦能息

孫排主父張湯陷嚴助夫數子者雖亦能息
亦親近之臣所以為難也為外臣者盡力致
死其義一也不以遠而自外疏而自前親涉
其事而已掌其任苟有可以興和除害友
危定亂雖違本朝之議非常法之道陳之
於主行之於身志於忠上濟事息於無咎
否之間在己典主可也然患為左右所輕重
貴臣所壅制或達而毀之使不得用或用而
害之使不得成或成而譖之使不得其所矣

害之使不得成或成而譖之使不得其所矣
吳起見毀於魏李牧見殺於趙樂毅被讒
於燕章邯畏誅於秦斯又外臣所以爲危也
此舉梗槩耳曲折纖妙豈可得備論之哉
夫治國之本有二刑也悳也二者相須而行
相待而成矣天以陰陽成歲人以刑悳成治
故雖聖人爲政不能偏用也故任悳多用刑
少者五帝也刑悳相半者三王也杖刑多
任悳少者五霸也純用刑強而亡者秦也

【第二十三紙】

任德少者五霸也能用刑強而已者秦也
夫人君欲治者既達專持刑德之柄矣位
必使當其德祿必使當其功官必使當
其能此三者治亂之本也位當其德則賢
者居上不肖者居下祿當其功則有勞
者勸無勞者慕未之有也凡國無常
治亦無常亂欲治者治不欲治者亂後之
國士人民亦前之有也前之有亦後之有
也而禹獨以安桀紂獨以危斯不易天地

也而禹獨以安幽厲獨以危斯不易天地
異人民殊与不殊也吳坂之馬庸夫緣
御則為弊乘伯樂執轡即為良驥非馬
更異教民之變也故遇禹湯則為良民
遭桀紂則為凶頑治使之然也故善治國者
不尤斯民而罪諸己不責諸下而求諸身
傳曰禹湯罪己其興也勃焉桀紂罪
人其亡也忽焉由是言之長民治國之
本在身故詹何曰未聞身治而國亂者

【第二十四紙】

本在身故脩身何曰未聞身治而國亂者
也君脩者可謂知治本矣
政務　凡吏之於君民之於吏莫不
聽其言而則其行故為政之務務在正
於此而民應於彼詩云尓之教矣民胥效
矣是以季康子問政孔子對曰子帥而正孰
敢不正又曰苟正其身於從政乎何有不能
正其身如正人何故君子為政以正己為先
教禁為次若君正於上則不吏敢邪於下

教禁為次若君唯於上則不吏敢邪於下
吏正於下則民不敢僻於野國無傾君朝
無邪吏野無僻民而政之不善者未之有也
政之務〻在節事〻節於上則民有餘力
於下〻有餘力則无〻
夫爭訟之有乎民無爭訟則政无為治教
不言而行矣
節欲　夫人生而有情〻發而為欲物見
於外情動於中物之感人也无窮而情之
所欲也無極是物至而人化也人化也者滅

所欲也無極是物至而人化也人化也者滅天理矣夫欲至无極以尋難窮之物雖有賢賢聖之姿鮮不衰敗故脩身治國也要莫大於節欲傳曰欲不可縱歷觀有家有國其得之也莫不階於儉約其失之也莫不由於奢侈儉者節欲奢者放情放情者危節欲者安堯舜之居土階三等夏日衣葛冬日鹿裘卑宮室而菲飲食此數帝者非其情之不好乃節儉之至也故其

【第二十五紙】

者非其情之不好乃節儉之至也故其
所取民賦也薄而使民力也寡其育物
也廣而興利也厚故家給人足囷積饒而
群術也以仁義興而四海安孔子曰以約失
之者鮮矣且夫閑情無欲者工也抑心
消除者次之昔常舜藏黄金於嶄巖之
山抵珠玉於深川之底儀狄獻旨酒而
禹甘之於是疏遠儀狄絶上旨酒此能
閑情於無欲者也楚文王悦婦人而廢朝

閑情於無欲者也楚文王悦婦人而廢朝政好獵而忘歸於是放逐丹姬斬殺如黄及共王破陳而得夏姬其豔国色王納之宮從巫臣之諫壞後恒而出之此能怫心消除之也既不能達閑情欲能抑除之斯可矣故榮辱之惪覬之稱聖楚文用朝隱国恭王終謚為恭也

詩刺 夫刑罰之佑所從尚矣聖人以治乱人以亡故古今帝王莫不詳慎之者

【第二十六紙】

以治亂人以亡故古今帝王莫不詳慎之者
以爲人命至重壹死不生一斷不屬故也
夫堯舜之明猶惟刑之恤也是以後聖
制法設三槐九棘之吏肺石嘉石之詳
然猶復三刾僉曰可殺後殺之罰若有
疑即從其輕此蓋詳慎之至也故苟詳
則死者不恨生者不恨生者不怨恨
不作則寃害不告寃害不生太平之治也
是以聖王用其刑也詳而行之必欲民犯之

是以聖王用其刑也詳而行之必欲民犯之
者寡而畏之者衆明刑之刑至於无刑善
赦至於无赦此之謂矣夫闇乱之主用
刑彌繁而犯之者益多而赦之彌衆而
慢之者尤甚者何由用之不詳而行之
不必也不詳則罪不值所罪不值則當死
反生不必則令有所虧令有所虧則刑罰
不脩矣失此二者雖日用五刑而民循輕
犯之故乱刑之刑以生刑悪赦之赦以致

犯之故亂刑之刑〻以生刑惡殺之殺〻以致
殺此之謂也
兵要　聖人之用兵也將以利物不以
害物也將以救亡非以危存也故不得已而
用之耳然以戰者危兵者凶器不欲人
之故制法遺後命將出師雖勝敵而反循
以喪禮處之明弗樂也故曰好戰者亡忘
戰者危不好不忘天下之王也夫兵之
要在於脩〻政〻之要在於得民心得民

【第二十七紙】

悪在於循〻政〻之要在於得民心得民
心在在於利之利之〻要在於仁以愛之義以理
理之也故六馬不和造父不能以致遠臣
民不附湯武不能以立功故兵之要在得
衆者善政之謂也善政者恤民之患除
民之害也故政善於内兵强於外歷觀古
今用兵之敗非鼓之日也民心離散素行
豫敗也用兵之勝非陣之朝也民心親附
素行豫勝也故法天之道履地之德盡

素行豫勝也故法天之道履地之宜盡
人之和君臣輯穆上下一心盟誓不用賞
罰未施消姧匿於未萌折邪謀於殊俗
此帝者之兵也德以為卒威以為輔脩仁
義之行行愷悌之令闢地殖穀國富民
豐賞罰明約信民樂為之死將樂為之
亡師不越境旅不涉場而敵人稽顙王
者之兵也

辯能　夫商鞅申韓之徒其能也貴尚

【第二十八紙】

辯能　夫商鞅申韓之徒其能也貴尚
譎詐務行苛克則伊尹周邵之罪
人也然其尊君卑臣富國強兵有可取焉
寗成郅都輩放商韓之治專以殘暴為能
然其抑強撫弱背私立公尚有可取焉其晩
世之所謂能者乃犯公家之法赴私門之
勢廢百姓之務趣人間之事決煩理務臨
時苟辯但使官無譴負之累不省下民呼
嗟之冤復是申韓寗郅之罪人也而俗猶共言

賢之寵優是申韓寧郅之也而皆循其言
其能執政者選用不廢者何也為貴勢
之所持人間之士所稱聽譭用名者衆察
賢審能者寡故使能鄙之分不定也夫
定令長之能者守相也定守相之能者明
牧刺史也然刺史之徒未必能考論能否
也未必能端平也或委任下吏聽浮游之
譽或受其賄豈責世之譏其態頑傳舍
待望迎賓聽其請謁從其和求則行道

【第二十九紙】

侍望逈賓聽其請謁從其和求則行道
之人言其能也治政以威嚴為先行事
務邀時取辦悕望上官之指敬順監用
之教朝會之命无降身以接士之來達遠
以供其求欲人間之事無不循言說之誤
无不用則寄寓游行幅巾之士言其能
也有此三者為之誤聽聲譽者之所以
可惑眩否之所以不定也
尊嫡　凡先祖祢安宗廟傳國土利民

【第三十紙】

尊嫡　凡先祖祢安宗廟傳國土利民
人者在於立嗣繼世之道莫重於尊
嫡別庶也故聖人之制礼貴嫡異其服
數殊其寵秩所以一群下之望塞變爭
之路杜邪防萌深根固本之慮歷觀前
代后妻賤而嬖媵貴太子卑而庶子尊
莫不爭乱以至危亡是以周有子帶之
難齊有無知之禍晉有莊伯之患衛有
州吁之篡故傳曰並后匹嫡兩政耦

有朋吁之甚故傳曰並后匹嫡兩政耦
國亂之本也
諫爭　夫諫爭者所以納君於道矯枉
正非救上之謬也上苟有謬而無救焉
則害於事害於事則危道也故曰危而
不持顛而不扶夫將焉用彼相扶之道莫
過於諫矣故子從令者不得為孝臣苟
順者不得為忠是以國之將興貴在諫臣
家之將盛貴在諫子若託物以風喻微

【第三十一紙】

家之將盛貴在諫子若託物以風喩微
生而不切切則不改唯正諫直諫可以補
缺也詩云袞職有缺仲山甫補之柔亦不
茹剛亦不吐正諫者易曰王臣謇謇傳曰
愕愕者昌直諫者也然則犯人之耳逆
人之意變人之情抑人之欲不然不爲諫
也雖有父子兄弟猶用生怨隙焉況臣
於君有天壤之殊无親戚之屬以至賤
干至貴以至稀間至親何庸易耶思死

千年貴以至稀閒　至親何庸易耶思死
亡而樂生存恥困辱而樂榮寵雖甚愚人猶
知之也況士君子乎今臣言直諫則近死
辱而遠榮寵人情何好焉此乃欲忠於
主耳失不能諫則君危固諫則身殆賢
人君子不忍觀上之危而不愛身之
殆故蒙危辱之災逆人主之鱗及罪
而弗避者忠也義也深思諫士之事
知進諫之難矣

知進諫之難矣

决壅　夫人君爲左右所壅制此有目
而無見有耳而無聞積無聞見必至
亂亡故國有壅臣禍速近隣人臣
之欲壅其主者無國無之何也利在於
壅也壅則擅寵於身威權獨於己此
人臣日夜所禱祝而求也臣之壅其君
微妙工巧見壅之時不知也卒至亡
敗然後悔焉爲人君之務在於决壅

【第三十二紙】

敗散後悔焉為人君之務在於決壅
決壅之務在於進下進下之道在博
聽博聽博之義無貴賤同異隸豎
牧圉皆得達焉若此則所聞見者廣所
聞見者廣雖欲求壅弗得也
人主之好惡不可見於外也所好惡見
於外則臣妾乘其好所惡以行壅制
焉故曰人君无見其意將為下餌昔晉
王好色驪姬乘色以壅之吳王好廣

王好色驪女乘色以壅之吳王好廣
地太宰陳伐以壅之桓公好味易牙蒸
首子以壅之及薛公進美珥以勸立后龍
陽臨釣莫行微巧之詐以壅制其主沉
寬无端甚可畏矣古今亡國多矣皆
由壅蔽於帷幄之內沉溺於諂諛之言
也而秦二世獨甚趙高見二世好淫
游之樂遺於政目帝王貴有天下者
貴得縱欲恣意尊嚴若神哃可得

【第三十二紙】

貴得縱欲恣意尊嚴已著神祠可得
聞而不可親高遂專權擅內二世見殺
畢臨死乃知見之禍悔復無及豈不
哀哉
讚家　夫讚家之所作所以顯述勲
息思詠歌惠此蓋詩頌之末流矣宜
由上而興非專下作也者之尊實有
勲績惠利加於百姓遺愛留於民庶宜
宜請于國當録於史官載於竹帛上

宜請于國當錄於史官載於竹帛上章
君將之德下宣臣吏之忠若言不足紀
事不足述虛而為盈亡而為有此聖人
所疾庶幾之所恥也
銘誄　夫渝世富貴乘時要世爵以賂
至官以賄成視常侍黃門賓客假其
氣勢以致公卿牧守所在宰莅無清
惠之政而有饕餮之害為臣無忠誠
之行而有姦欺之罪背正向邪附下罔

饕 叨高反 貪財也
餮 他結反 貪食也

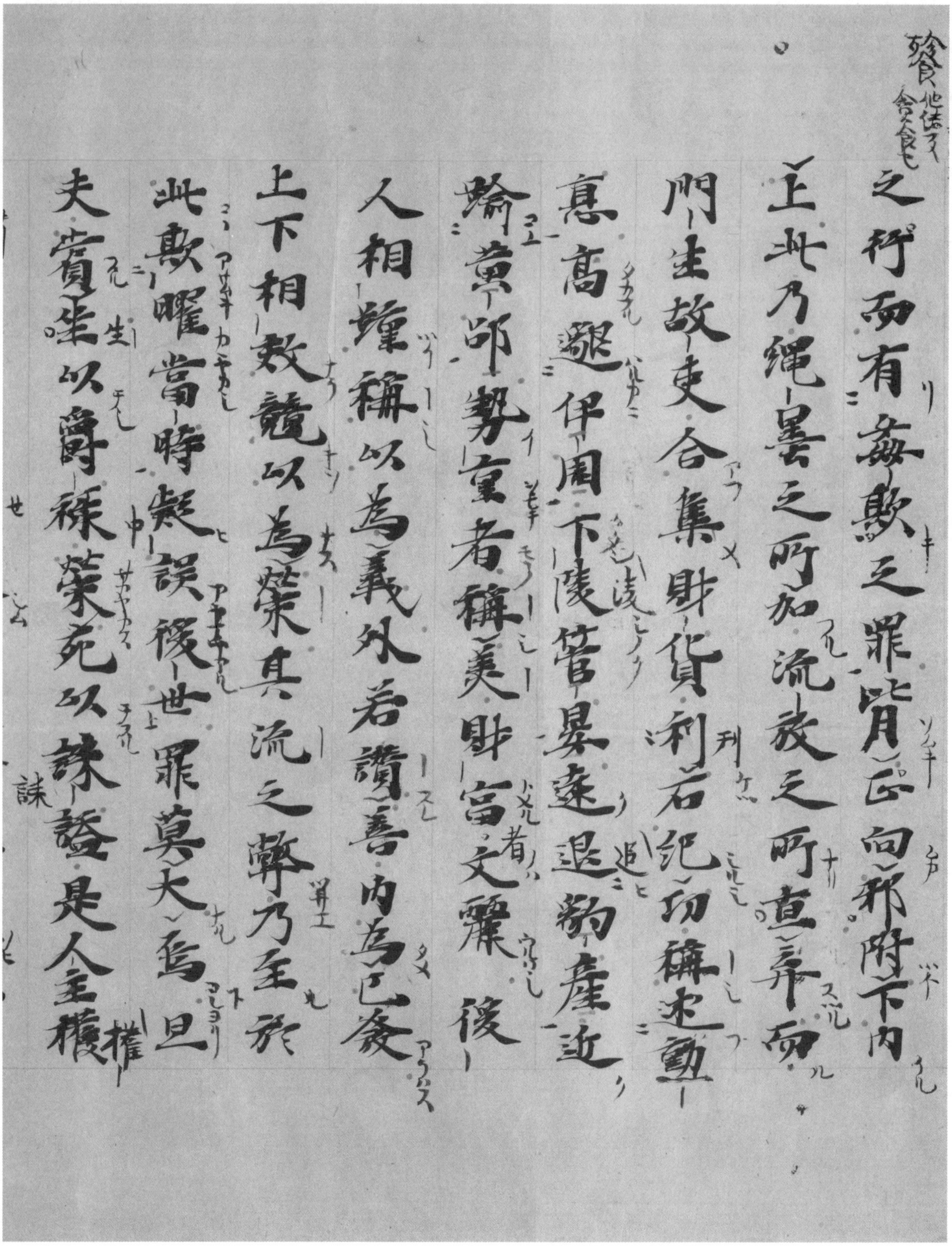

之行而有姦欺之罪背正向邪附下罔
上此乃繩墨之所加流放之所宜棄而
門生故吏合集財貨利石紀功稱述勲
悳高邈伊周下陵管晏遠追豹產近
踰黃邵勢重者稱美財富文麗後
人相踵稱以為義外若讃善內為己姦
上下相效競以為榮其流之弊乃至於
此歟曜當時疑誤後世罪莫大焉旦
夫賞生以爵祿榮死以誄謚是人主權

【第三十四紙】

俶儻

夫賓生以尊祿榮死以誄謚是人主權
柄而漢世不禁使私稱與王命爭流臣
子與君上俱用善惡無章得失无効豈
不誤哉
序作　夫著作書論者乃欲闡弘大道
述明聖教推演事義盡極情類記是
貶非以爲法式當時可行後世可循且
古者富貴而名賤廢滅不可勝記唯篇
論俶儻之人爲不朽耳夫奮名於百代

論俳優之為不朽耳夫奮名於百代
之前而流譽於千載之後以其賢之者
益聞之者有覺故也豈徒轉相放効
名作畫論浮辭而無損益哉而世俗
之人不解作體而務泛濫之言不存
有益之義非也故作者不尚其辭麗
而貴其存道也不好其巧慧而惡其
傷道也故夫小辯破道狂簡之徒斐然成文
皆聖人之所疾矣

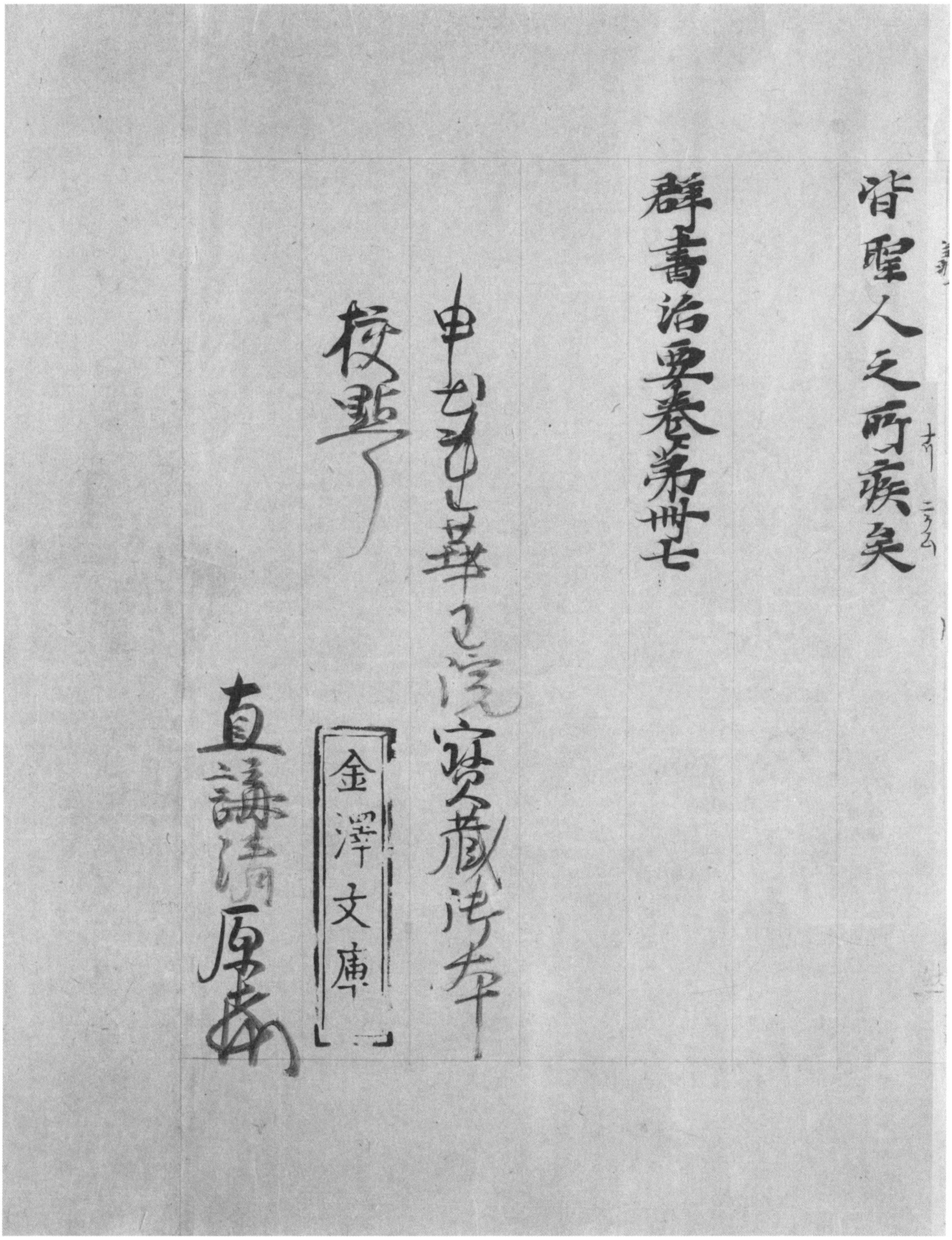
592 皆聖人之所疾矣
593
594 群書治要卷第卌七
595
596 申出蓮華王院寶藏御本
597 校點了
598 直講清原

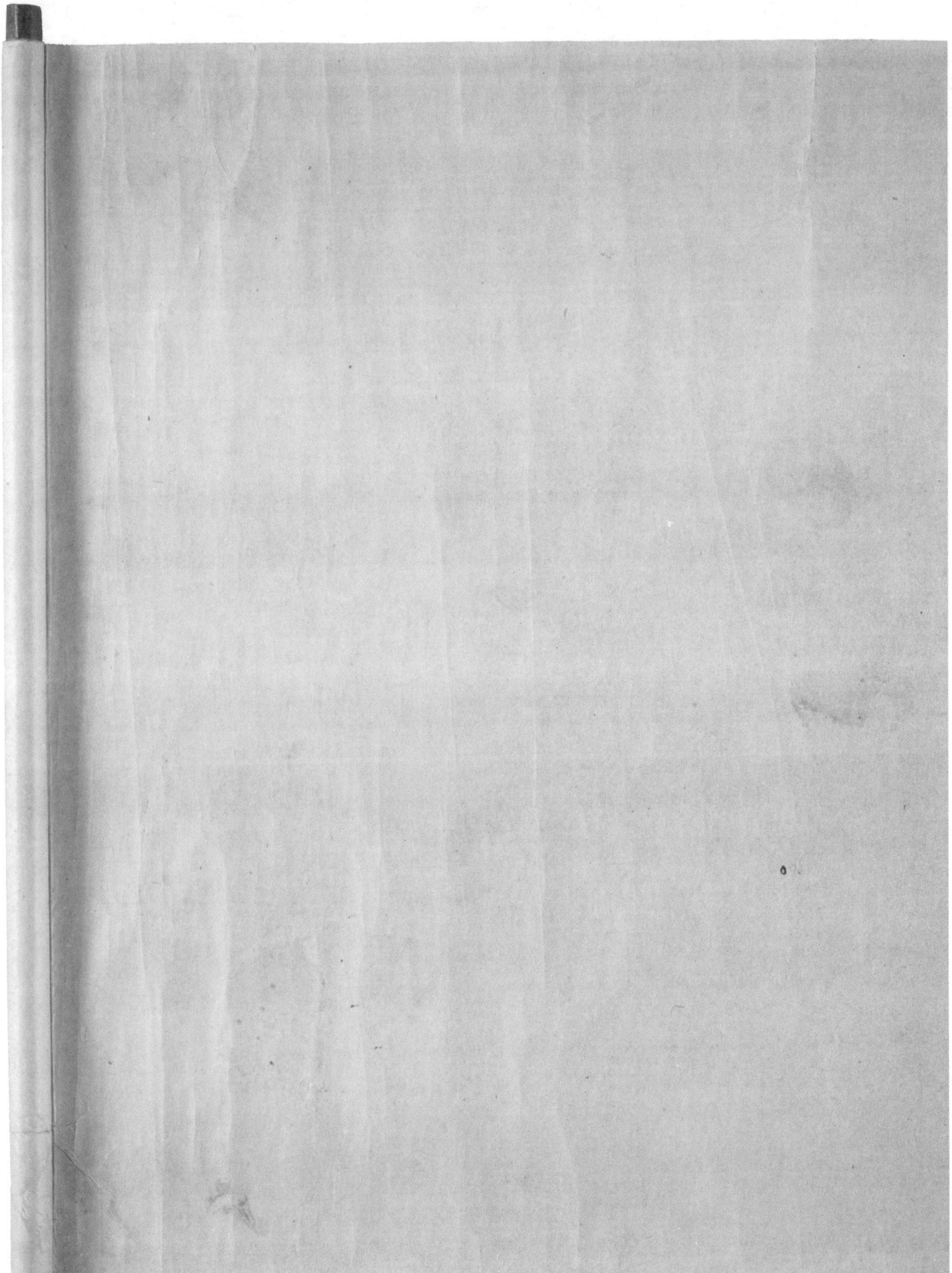

群書要四十八
四十八
圖書寮
圖號 117
冊數 48
函號 特 3

【第一紙】

群書治要卷第卌八　秘書監鉅鹿男臣魏徵等奉　勑撰

體論　時務　典語　論

體論　杜恕

君體

人主之大患莫大乎好名人主好名則群臣知所要矣夫名所以名善者也善脩而名自隨之非好之之所能得也苟好之甚則必偽行要名而姦臣以偽事應之一人而受其慶則舉天下應之矣君

之一人而受其慶則舉天下應之矣君
以偽化天下應之矣君以偽化天下欲
天下貞信惇樸樸誠難矣雖有至聽至
達之主由元緣見其非而知其偽況庸
主乎人主之高而處隩譬猶遊雲夢而
迷惑當偕左右以正東西者也左曰功
巍巍矣右曰名赫赫乎今日開斯論明
日開斯論苟不校之以事類則人主冥
然自以爲名齊乎堯舜而化洽乎泰

【第二紙】

然自以爲名齊乎堯舜而化洽乎泰
平也群臣譔之皆不足任也堯舜之臣
宜獨斷者也不足任之臣當受成者也
以獨斷之君與受成之臣歸訛僞之俗
而天下治者未之有也夫聖人之脩其
身所御羣臣也御群臣也御群臣所化
萬民也其法難而易守其禮簡而易持
其求諸己也誠其化諸人也深苟非其
人道不虛行苟非其道治不虛應是以

人道不虛行苟非其道治不虛應是以古之聖君之於其臣也疾則視之無數死則臨其大斂小斂為徹膳不與樂豈徒色取仁而實違之者哉乃惻怛之心出於自然欣於顏色世未有不自然而能得人自然者也色取仁而實違之者謂之虛不以誠待其臣而望其臣以誠事己謂之愚虛愚之君未有能得人之死力者也故書稱君為元首臣為股肱期其一

【第三紙】

也故書稱君為元首臣為股肱期其一體相須而成也而險偽淺薄之士有商鞅韓非申不害者專飾巧辯邪偽之術以營惑諸侯著法術之書其言云尊君而卑臣上以尊君取容於人下以卑臣得集其姦説此聽受之端參言之要不可不慎也元首已尊矣而復云尊之是以君過乎頭也股肱已卑矣而復曰卑之是使其臣不及乎手足也君過乎頭而

之是使其臣不及乎己也君過乎頭而
臣不及乎手足是離其體離而望治化
之洽未之前聞也且夫術家說文云明
主之道當外御群臣內疑妻子其罰證
連類非不辯且悅也然不免於利口之
覆國家也何以言之夫善進不善無由
入不善進善亦無由入故湯舉伊尹而不
仁者遠何畏乎驩兜何遷乎有苗夫姧
臣賊子下愚不移之人自古及今未嘗不

臣賊子下愚不移之人自古及今未嘗不
有也百歲一人是為繼踵千里一人是比肩
而擧以為衆是猶一壺而禁食也壺者
雖少饑者必多未知姦臣賊子屢之
云何且令人主魁然獨立是無臣子也又
誰為君父乎是猶既其枝而欲根之蔭
揜其目而欲視之明襲獨立之跡而顧
其扶疏也夫殉名好術之主又有惑焉皆
自為君之道允事當審人主苟審則擧臣

【第四紙】

自爲君之道凡事當密人主苟密則羣臣
無所容其巧而不敢怠於職此即趙
高之教二世不當聽朝之類也是好衆
高履危而嘆先悟者也易曰機事不密
則害成易稱機事不謂凡事也不謂宜
共而獨之也不謂釋公而行私也人主欲
匿病飾非而人臣吸似之間可不察歟史
設官分職君之體也委任責成君之體也
好謙無倦君之體也寬以得衆君之體也

好謙無倦君之體也寬以得衆君之體也
也含垢藏疾君之體也不動如山君之體
也難知如淵君之體也君有君人之體其
臣畏而愛之此文王所以戒百辟也夫何
法術之有哉故善為政者務在於擇
人而已及其求人也總其大略不具其小
善則不失賢矣故曰記人之功忘人之過
宜為君者也有厚得無間其小節有大
大譽無訾其小故自古及今未有能全

大譽無譽其小故自古及今未有能令
其行者也和氏之璧不能無瑕隨侯之
珠不能無纇然天下寶之者不以小故妨
大美也不以小故妨大美故能成大功
成大功在己而已何具之於人也今之為
政者稱賢聖則先乎高辯言法道則
師乎法〻術〻之御世有似鐵轡之御馬

【第五紙】

非必能制馬也適所以梏其手也人君
之數至少而人臣之數至衆以至少御

之數至少而人臣之數至衆以至少御
至衆其勢不勝也人主任術而欲其臣無
術其勢不禁也俱任術則至少者不便
也故君使臣以禮則臣事君以忠晏平仲
對齊景公君若棄禮則齊國五尺之童
皆能勝嬰又能勝君所以服者以有禮也
今末世棄禮任術之君之於其身也得無
能勝五尺之童子乎三代之臣非其法臣也
御法者非其人也苟得其人王良造父廝以

御法者非其人也苟得其人王良造父能以轡索御奔馬伊尹太公能以敗法御得民苟非其人不由其道索雖堅馬必敗法雖明民必叛奈何乎萬乘之主釋人而任法哉且世未嘗無賢也求賢之務非其道故常不遇之也除去湯文聖人之君任賢之功近觀齊桓中才之主耳猶知勞於索人逸於任之不疑子糾之親不忌射鉤之怨蕩然而委政焉不亦明乎九合

【第六紙】

射鉤之怨蕩然而委政焉不亦明乎九合
諸侯壹匡天下不亦榮乎一日仲父亡
文仲不亦優乎孰與秦二世懸石程書
愈密愈亂為之愈勤而天下愈叛至於弑
死以斯二者觀之優劣之相懸巨之相背
不亦昭乎夫人生莫不欲安存而惡危
亡莫不欲榮樂而惡勞辱也終恒不得其
所欲而不免乎所惡者何哉失道也欲
宮室之崇麗也必懸重賞而求良匠

宮室之崇麗也必懸重賞而求良近
内不以阿親戚外亦以遺果遠必得
其人然後授之故宮室崇麗而處之逸樂
至於求其輔佐獨不若是之公也唯
便辟親近者之用故當國不知當舍
是人主之大患也使賢者為之與不肖
者議之使智慮之與愚者斷之使脩士
履之與邪人疑之此又人主之所患也
夫賞賢使能則民知其方賞罰明必

【第七紙】

夫賞賢使能則民知其方賞罰明必
則民不偷兼聽齊明則天下歸之然後
明分職序事業公道開而私門塞矣
如此則忠公者進而佞悅者止虛僞者退
而貢實者起自群臣以下至于庶人莫
不脩己而後敢安其職業變心易慮反
其端慤此之謂政化之極審斯論者明
君之體畢矣

臣體

凡人臣之於其君也猶四支之載元首耳目

臣體

凡人臣之於其君也，猶四支之載元首，耳目之為心使也，皆相須而成為體，相得而後為治者也。故虞書曰：臣作股肱耳目，而署蒯非云：汝為君目，將司明也；汝為耳，將司聰也。然則君人者安可以斯須無臣，臣之者安可以斯須無君，斯須無君，斯須無臣，是斯須無身也。故臣之事君，猶子之事父，而敬焉。父子至親矣，然其相須，尚不及乎身之與手足也。身之於手足，可謂無間矣，然而聖人

乎足也身之於手足可謂無間矣然而猶人
循後背而致之故其化益淳其人愚益密自
然不覺教化之移也術人離而間之故使其臣
自疑於下而令其君孤立乎上君臣相疑上
下離心乃奸人之所以為劫殺之資也夫
中才之主明不及乎治化之原而惑於偽術
似是之說故備之愈密而奸人愈甚譬猶登
高者愈懼愈〻危〻愈墜孰如早去耶往
而就夫大道乎凡士之結髮束脩立表

【第八紙】

而就夫大道乎凡士之結髮束脩立志於
家門欲以事君也宗族稱孝焉鄉黨稱
悌焉及志乎學自託於師友師友貴其義
而交安其信孝悌以篤信義又著以此
立身以事君何待乎法然後為安及其為
人臣也稱才居位稱能受祿不面譽以
求親不偷悅以苟合公家之利知無不為
也上足以尊主安國下足以豐財阜民
謀事不忘其君圖身不忘其國內匡其過

謀事不忌其君爲身不忌其國內匡其過
外揚其義不比以闇上不上周以病下見
善行之如不及見賢舉之如不容內舉不
避親戚外舉不避仇讎程功積事而不
望其報進賢達能而不求其賞道達不
爭險易之利見難而無苟免之心其身
可殺而其守不可奪此直道之臣所以
佐賢明之主致治平之功者也若夫
主明而臣闇主闇而臣偽有盡忠不見信

【第九紙】

主明而臣闇主闇而臣忠有盡忠不見信
有見信而不盡忠涸諸於臣主之分焉入
於治亂之間或被褐懐玉以待時或巧言入
於治令色以容身又可勝盡哉是以古之全
其道者進則正退則曲正則与世樂其業
曲則全身歸於道不徹世以華衆不立高
以為名不為苟得以偷安不為苟免而無恥
夫脩之於郷閭懐之於朝廷可惜也脩之
於已立懐之於閨閫可惜也君子惜焉茲仁

於己之懐之於闔棺可惜也君子惜兹仁
二者是以有殺身以成仁無求生以害仁
況害仁以求寵乎故孔子曰不義而富且
貴於我如浮雲若夫智慮足以圖國忠
貞足以悮主文章足以惇衆溫柔足以服人
不誹毀以取進不刻人以自入不苟容以隱
忠不耽祿以傷高通則使上恤其下窮則
教下順其上故用於上則民安行於下則
君尊可謂進不失忠退不失行此正士之

君尊可謂進不失忠退不失行此正士之
義為臣之體也凡趣舍之患在於見可
欲而不慮其敗見可利而不慮其害故動
近於危辱昔孫叔敖三相楚而其心
愈卑每益祿而其施愈博位滋高而其
禮愈恭正考父傴僂而走晏平仲辭其
賜邑此皆守滿以沖為臣之體也夫不
憂主之不尊於天下而唯憂己之不富貴
此古之所謂庸人而今之所謂顯士小人之

【第十紙】

此古之所謂庸人而今之所謂顯士小人之
所榮慕而君子之所以爲恥也凡人臣之
論所以事君者有四有賢主之臣有明
主之臣有中主之臣有庸主之臣上能尊
主下能盡民物至能應事起能辯教化
流於下如影響之應形聲此賢主之臣
也内足以盡民外足以拒難民親而士
信之身之所長不以拂君身之所短不敢
功此明主之臣也君有過事能盡心同

功此明主之臣也君有過事能盡心同力相與諫而正之以解國之大患成君之大榮此中主之臣也端愨而守法盡忠以事君々有過事雖不能正諫其憂見於顏色此庸主之臣也以庸主之臣事賢主則從以賢主之臣事庸主則亡古之所以成其名者皆度主而行者也故脩之在己而遺過在時是以古人枹麟而泣也夫名不可以虛偽取也不可以比周爭也故君子務脩

【第十一紙】

虛僞取也不可以比周爭也故君子務脩
諸内而讓之於外務積於身而處之以不
足夫爲人臣其猶土乎萬物載焉不辭其
重水讀汚焉而不辭其下草木殖焉而
不有其功此成功而不處爲臣之體也若
夫處大位任大事荷重權於萬乘之國必
無後患者其上莫如推賢讓能而安隨其
後不爲管仲即爲鮑叔耳其次莫如廣
樹而並進之不爲魏成子即爲翟黄耳

樹而並進之不爲魏成子即爲翟黄耳
安有壅君蔽主專權之宮哉此事君之
道爲臣之體也

行體

夫行也者舉趾所由之徑路也東西南北
之趣舍也君子小人之分界也吉凶榮辱之
皂白也由南則失北也由東則失西矣由乎
利則失爲君子由乎義則失爲小人吉凶榮
辱之所由生義爲之本母也是以君子慎
趣舍焉夫君子直道以耦世小人枉行以

論語曰觀其所由注曰由經也言觀其所經從也

趣舍焉夫君子直道以耦世小人枉行以取容君子揜人之過以長善小人毀人之善以為功君子寬賢容衆以為道小人徼訐懷詐以為智君子下學而無常師小人恥學而羞不能此又君子小人之分界也君子心有所定計有所守智不務多務行其所智行不務多務審其所由安之若性行之如不及小人則不然心不在乎道義之經口不吐乎訓誥之言不擇賢以託

【第十二紙】

義之經口不吐辛訓誥之言不擇賢以託
身不力以自定隨轉如流不知所執此乃君
子小人之分界也君子之養其心莫善於誠
夫誠君子所懷萬物也天不言而人推高焉
地不言而人推厚焉四時不言而人期焉
此以至誠者也誠者天地之大定而君子之
所守也天地有紀矣不誠則不能化育君臣有義矣
不誠則不能相臨父子有禮矣不誠則疏
夫婦有恩矣不誠則離交接有分矣不誠

【第十三紙】

夫婦有恩矣不誠則離交接有分矣不誠
則絶以義應當曲得其情其唯誠乎

政體

孔子曰爲政以德又曰導之以德齊之以禮有
恥且格然則德之爲政大矣而禮次之也夫
德禮也者其導民之具歟太上養化使民
日遷善而不知其所以然此治之上也其次
使民交讓處勞而不怨此治之次也其下正
法使民利賞而勸善畏刑而不敢爲非
此治之下也夫善御民者其猶御馬乎正

【第十四紙】

此治之下也夫善御民者其猶御馬乎正
其銜勒齊其轡策均馬力和馬心故能
不勞而極千里善御民者壹其德禮正
其百官齊民力和民心是故令不再而
民從刑不用而天下化治所貴聖人者非
貴其隨罪而作刑也貴其防亂之所生也
是以至人之為治也民有小罪必求其善以
赦其過民有大罪必原其故以輔化是以上
下親而不離道化流而不蘊夫君子欲政

下親而不離道化流而不蘊夫君子欲政
之速行莫如以道御之也譬繇脣而爲天
理有不貴乎言也師曠盲而爲太宰有
不貴乎見也唯神化之爲貴是故聖王冕
而前旒所以蔽明黈纊充耳所以塞聰也
觀夫弊俗偷薄之政耳目以致聰明瞭備
伏以探民情是爲以軍政虜其民也而望
民之信向之可謂不識乎分者矣彼爲
君也夫君者尊嚴而威高遠而危民者卑

君也夫君者尊嚴而威高遠而危民者卑
賤而恭愚弱而神惡之則國亡愛之則國
存御民者必明此要故南面而臨官不敢
以其富貴驕人有諸中而能出外取諸身
而能暢遠觀一物而貫乎萬者以身爲本也
夫欲知天之終始也今日是也欲知千萬之
情一人情是也故爲政者不可以不知民之
情知民然後民乃從令已所不欲不施之於
人今安得不平故善政者簡而易行則民不

【第十五紙】

僻行本　行僻一本

人令安得不辛故善政者簡而易行則民不
變法在身而民象之則民不惑近臣便嬖
百官因之而後達則群臣自污也是以爲政
者必慎擇其左右左右正則人主正矣人主
正則吏歸令安得曲邪天下大惡有五而盜
竊不豫焉一曰心達而性險二曰行僻而志
堅三曰言僞而辭辯四曰記醜而喻博五曰
循非而言澤此五者有一於人則不可以不
誅況兼而有之左右訪之以事而人主能立

誅况兼而有之左右諂之以事而人主能立
其身者未之有也
法體
夫淫逸盜竊百姓之所惡也我從而刑之
殘之刻剥之雖過乎當百姓不以爲暴
者公也怨曠飢寒亦百姓之惡也遁而陷於
法我從而寛宥之雖及乎刑必加隱惻焉
百姓不以我爲偏者公也我之所重百姓之
所憎也我之所輕百姓之所憐也是故賞
約而勸善刑省而禁姦由此言之公之於

約而勸善刑省而禁姦由此言之公之於
法無不可也過輕亦可過重亦可私之於
法無可也過輕則縱姦過重則傷善今
之為法者不平公私之分而辯輕重之文不
本百姓之心而謹奏當之書是治化在東而
走求之也聖人之於法也已公矣然猶懼
【第十六紙】
其末也故曰與其害善寧其利淫知刑當
之難必也從而救之以化此上古之所務也
後之治獄者則不然未訊罪人則驅而致之意

後之治獄者則不然未訊罪人則驅而致之意
謂之能下不探獄之所由生爲之分而上求人
主之微旨以爲制謂之忠其當官也能其事
上也忠則名利隨而與之驅世而陷此以望
道化之隆亦不幾矣凡聽訟決獄必原父
子之親立君臣之義權輕重之叙測淺深之
量悉其聰明致其忠愛然後察之疑則
與衆共之衆疑則從輕者所以重之也非
爲法不見也以爲法不獨立當須賢明共

爲法不具也以爲法不獨正當須賢明共
聽斷之也故舜命皋陶曰汝作士惟刑之恤
又復加之以三訊衆所謂善然後斷之是以爲
爲法參之人情也故春秋傳曰小大之獄雖
不能察必以情而世俗拘愚苛刻之吏以爲
情也者取貨賂者也立愛憎者也祐親戚
者也陷怨讎者也何世俗小吏之情與夫古
人之懸遠乎無乃風化使之然邪有司以此
情疑之羣吏人主以此情疑之有司是君臣

【第十七紙】

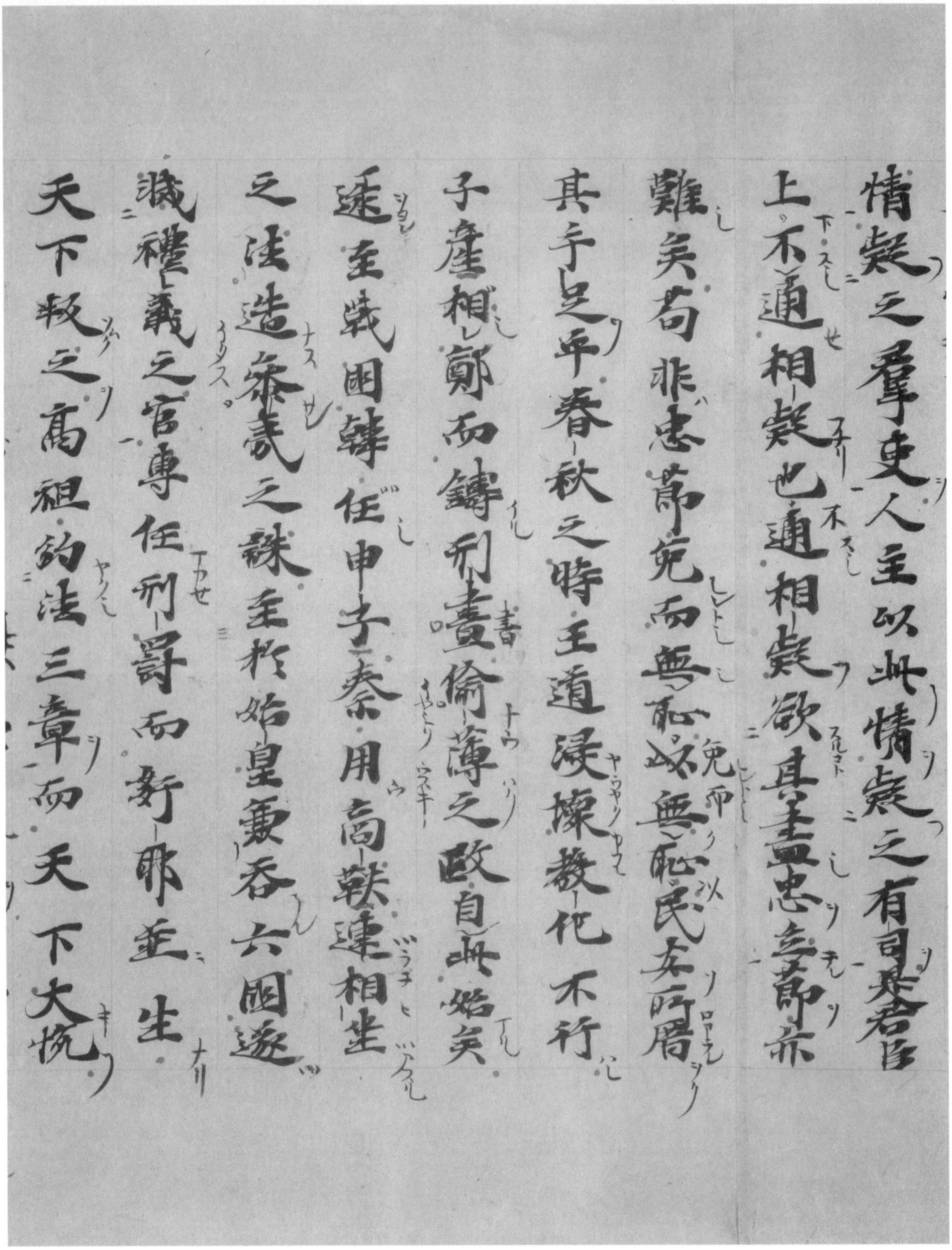

情疑之群吏人主以此情疑之有司君臣
上下不通相疑也通相疑欲其盡忠立節亦
難矣苟非忠節免而無恥以無恥民安所厝
其手足乎春秋之時王道浸壞教化不行
子產相鄭而鑄刑書偷薄之政自此始矣
逮至戰國韓任申子秦用商鞅連相坐
之法造參夷之誅至於始皇兼吞六國遂
滅禮義之官專任刑罰而姦邪並生
天下叛之高祖約法三章而天下大悅

天下叛之高祖約法三章而天下大悅
悅及孝文即位躬脩玄默論議務在
寛厚天下化之有刑厝之風至於孝武
徵發煩數百姓虚耗窮民犯法酷吏擊
斷姦宄不勝於是張湯趙禹之屬條
定法令轉相比况禁罔積密文書盈
於机格典者不能徧覩姦吏因縁爲議著
咸怨傷之凡法獄之情必本所犯之事
以爲之主不放評不旁求不多端以見聰

【第十八紙】

以為之主不放評不旁求不多端以見聰
明也故律正其舉劾之法參伍其亂
以求實也非所以飾實也但當參伍
明聽之耳不使獄吏斷鍊飾治成亂
於手也孔子曰古之聽獄求所以生之
也今之聽獄求所以殺之也故析言以破
律誣安以成法執左道以亂政皆王誅
之所必加也
夫聽察者乃存亡之門戶安危之譏要

夫聽察者乃存亡之門戶安危之機要
也若人主聽察不博偏受所信則謀
漏不盡良策若博其觀聽納受無方
考察不精則數有亂矣人主以獨聽
之聰考察成敗之數利害之說雜而
並至以千關聽如此誠主精之難在於
人主耳不在竭誠納謀盡己之策者
也若人主聽察不惑納受不謬則計洽事
全利倍功大治隆而國富民强而敵滅矣

金利倍功大治隆而國富民强而敵滅矣
若過聽不精納受不審則計因事敗利
喪功虧國貧而兵弱治亂而勢危矣聽
察之所考不可不精不可不審者如此也
凡有國之主不可謂舉國無深謀之臣
闔朝無智策之士也在聽察所考精與
不精審與不審耳何以驗其然乎在昔
漢祖者聽聽之主也納陳恢之謀則下
南陽不用婁敬之計則困平城廣武君

【第十九紙】

南陽不用婁敬之計則困平城廣武君
者策謀之士也韓信納其計則燕齊舉
陳餘不用其謀泜水敗由此觀之漢祖之
聽未必一闇一聽也在於精与不精耳廣武
之謀非為一拙一工也在用與不用耳奇
謂害洛者有計策之士覆敗者無深謀
之臣也吳王夫差拒子胥之謀納宰嚭之
說國滅身亡者不可謂無深謀之臣也楚
懷王拒屈原之計納靳尚之策沒秦而

泜水條　唐曰在常山方運一寸乱文

懷王拒屈原之計納靳尚之策沒秦而
不反者不可謂無計畫之士也虞公不用
宮奇之謀滅於晉仇由不聽赤章之言
亡於智氏蹇叔之哭不能濟殽澠之覆
趙括之母不能救長平之敗此皆人主之
聽不精不審耳由此觀之天下之國
莫不皆有忠臣謀士也或喪師敗軍危
身亡國者誠在人主之聽不精不審取
忠臣謀博士將何因無之乎

【第二十紙】

忠臣諫博士將何國無之乎
臣以爲忠良慮治盡國之臣必謁誠納謀
懇惻而不隱者欲以究盡治亂之數舒
展安危之策耳故雖聖主明君莫不皆
有獻可進否納忠之臣也昔在帝堯大
聖之君也猶有咨謀獻謨夏禹納戒
暨至殷之成湯周之文武皆亦至聖
之君也然必俟伊尹爲輔呂尚爲師
然後乃能興功濟業混一天下者誠賴

然後乃能與功治業濟一天下者誠視
聽之聰察須忠良為耳目也由此觀之
忠良惠治蒼國之主者得不師從往
古襲迹前聖授命自盡以輔佐視聽乎
夫人君者以至尊之聽總萬機而覽
之以至貴之明察斷治亂而考得當
能皆窮究其孔要斷盡其門戶乎
其數必用有所遺漏不有忠良諫輔
佐視聽者則亂百機微有所不聞矣何

佐視聽者則兆百機微有所不闡矣何
以論其然乎夫人君所以尊異於人者嗔
志養真也歡康之虞則嚴樂盈耳
玩好足目美色充後庭服適體遠眺
迥望則登雲表之崇臺逍遙容豫則
塵飛閣之高觀嬉乎綠水之清池遊乎
桂林之芳園弋鳧與鴈從禽逐獸行
與毛嬙俱入與西施處將當何從體覺窮
愁之感悴識寡獨之難堪乎食則膳斷

【第二十一紙】

愁之戚悴識寒獨之難堪乎食則膳斲
兀俎膚羞兼品酸甘盈備珍饌充庭奏
樂而進鳴鐘而徹閒饋代至口不絕味
將當何從覺飢餒之阸艱識困餓之難
堪乎暑則被霧縠襲纖絺華屋之
大夏居重陰之玄堂褰羅幃以來清
風列凝冰以遏微暑侍者御粉扇典衣
易輕裳飄飄焉有秋日之涼將當何
從體覺炎夏之鬱蒸識毒熱之難堪

從體覺炎夏之欝蒸識毒熱之難堪
乎寒則服綿袍襲輕裘衣綿衾貂蓐
疊茵累席居隩密之深室處複弃
之重幄熾炭於室隅以起温御玉卮
之旨酒以御寒凝焉有夏日之熱將當
何從體覺隆冬之慘烈識毒寒之難堪
乎此數者識無從得而知之者也凡百機
微如此比類者如用遺漏有所未詳也如
此則主患之臣者得不輔佐視聽以起寤

【第二十二紙】

此則至忠之臣者得不輔佐視聽以匡闇
遺忘乎

典語　陸景

重爵

爵祿賞罰人主之威柄帝王之所以爲尊
者也故爵祿不可不重重之者貴輕之
則慶之者賤居之者貴君子慕義取
之者賤則小人覬覦君子亂政之漸也
易曰聖人之大寶曰位何以守位曰人故
先王重於爵位愼於官人爵制必俟有德

先王重於爵位慎於官人爵制必俟有德
班祿必施有功是以見其爵者照其德聞其
祿者知其功然猶誡以威罰勸以黜陟顯
以錫命耀以車服故朝無曠官之譏士無
尸祿之責矣夫無功而受祿君子猶不可
況小人乎孔子所以恥廩丘之封而惡季氏
之富也故曰富與貴是人之所欲不以其道
得之不處苟得其志執鞭可爲苟非其
道卿相猶逃明君不可以虛授人臣亦不可

道卿相循遊明君不可以虛授人臣亦不可
以苟受也書曰天工人其代之是以聖帝
明王皇皇篤與名尤慎官人故周褒申伯
吉甫著誦衍文失職詩人作刺王爵為
寧單于震畏千秋登相匈奴輕漢雅此
言之官人封爵不可不慎也官得其人方頼
相求雖在下位士以為榮也俗以貨成
位失其守雖則三公士以為辱也故王陽
在嗜貢禪冠王許並立班伯恥之

【第二十三紙】

清治

在嗜貢禪冠王許並立班伯恥之
天子攘寧土之資惣三才之任以制御
六合統理羣生固未易為也是以聖帝
明王憂勞待旦勤於日昃未有不汲汲
於求賢勤勤於遠思者也故大舜拓二
八於唐朝投四凶於荒裔孫讎不廢登
而親仁也舉子不為宥文遠惡也以能
照德立化為百王之命也夫世之治亂國
之安危非由他也授人在官則治道清豺

之安危非由他也俊人在官則治道清
佞干政則禍亂作王者任人不可不慎也得
得人之道蓋在於敬賢而誅惡也敬一賢則
衆賢悦誅一惡則衆惡懼昔魯誅少正
佞人變行燕禮郭隗羣士嚮至此非其
效與夫人主處於深宮之中生於禁闥之
内眼不覩見臣下之得失耳不親聞賢愚
之否臧焉知臣下誰忠誰否誰是誰非
須當留恩隱括聽言觀行驗之以實

須當留恩隱括聽言觀行驗之以實
効之以事能推事効實則賢愚明而
治道清矣

君道

王者所稱天子者以其号令政治法天而行
故也夫天之育萬物也耀之以日月紀之以
星辰運之以陰陽成之以寒暑震之雷
雷電潤之以雲雨天不親事而萬事歸
功者以所任者得其宜也垂拱璇璣御七
辰調四時制五行此盖天子之所爲任者

辰調四時制五行以益天子之所為任者
也孔子曰唯天為大唯堯則之帝王之盛莫
過虞舜帝堯之末洪水有滔天之災嗟
民有昏墊之憂於是四岳舉及側陋
虞舜既登百揆時叙二八龍騰垂翔唐
朝故能揚嚴億載冠德百王舜既受終
終垂簡俊德咸列庶官從容垂拱身無
一勞而庶事歸功充矣百世者所任得
其人也

其人也
職天子所以立公卿大夫列士之官者非但欲備員數設虛位而已也以天下至廣庶事總猥非一人之身所能周理故分官列職各守其位事有大小故官有尊卑人有優劣故爵有等級三公者帝王之所杖也自非天下之俊德當世之良材即不得而處其任處其任者必荷其責在其任者必知所職夫匡輔社稷佐日揚光協曆

【第二十五紙】

者如知所職夫匡輔社稷佐日揚光協齊
七政宣化四方此三公之職還宣之事則有
司存大臣不親細事循周勃不調小味也
故書曰元首叢脞哉股肱惰哉庶事墮
哉此之謂也陳平曰宰相者上佐天子下
理陰陽外撫四夷諸侯内親附百姓使卿
大夫各得其任其職也可謂知其任者也

任賢

天下至廣萬機至繁人主以一人之身處
重仞之内而御至廣之士聽至繁之政安

重仞之內，而御至廣之士，聽至繁之政，安知萬國之聲息，民俗之動靜乎？故古之聖帝，立輔弼之官，列官司之守，勸之以爵賞，誡之以刑罰。故明試以效其功，考績以核其能，德高者位尊，才優者任重。人主總君議以觀衆智，秋忠賢而布政，化明耳目以來風聲，進眞言以求得失。夫如是，雖廣必周，雖繁必理。何則？御之有術具也。夫君稱元首，臣云股肱，明大

【第二十六紙】

之有股肱也夫君稱元首臣云股肱明大
臣與人主一體者也堯明俊德守位以人
所以強四支而輔體也其為已用豈細也
哉苟非其選器不虛假苟得其人委之
無疑君之任臣如身之信手臣之事君
亦宜如手之繫身安則共樂痛則同憂
其上下協心以治世事不俟命而自勤不
求容而自親何則相信之忠著也是以天子
敀容於大臣所以重之也人臣盡命於君

【第二十七紙】

改容於大臣所以重之也人臣盡命於君
上所以報德也寵之以爵級而天下莫不
尊其位任之以重器天下莫不敬其人顯
之以車服天下莫不瞻其榮者以其荷
先景於辰耀登階於天路也君所之人
進退必足以動天地而應列宿也故選
不可以不精任之不可以不信進奇以不
禮退之不以權辱者貢生嘗陳階級而文帝
加重大臣每覽其遺言博引古今文辭雅傳

加重大臣每賢其遺言博引古今文雖雜傳眞君人之至道王臣之碩謨也

料才

夫料才覈能治世之要也凡人之才用有所周能有偏達自非聖人誰兼資百行備貫衆理乎故明君聖主裁而用焉昔舜命羣司隨才守位漢述功臣三傑異稱況非此傳而可備責乎且造父善御師曠知音皆古之至奇也使其探事易伎則彼此俱屈何則才有偏達也人之才能率皆[illegible]頼

【第二十八紙】

屈何則才有偏達也人之才能雖皆殊類
不可不料也若任得其才〃堪其任而困不
治者未之有也或有用士而不能以治者既
任之不盡其才人數其能故功難成而世
不治也馬無輦重之任牛無千里之速違
其本性責効事豈不得哉使韓信下帷
仲舒當戎于公馳説陸賈聽訟必無曩
時之勲而顧今日之名也何則素非才之所
長也惟明論之何可不料哉

長也推此論之何可不料哉
通變
政有宜於古而不利於今有長於彼而不行於
此者風移俗易世則變故結繩之治五
帝不行三代損益政法不同隨時改制所
以救弊也易曰隨時之義大矣哉孔子曰不教
民戰是謂弃之司馬法曰國雖大好戰必亡
天下雖安忘戰必危明用武有時昔秦收
威用武以成王業呑滅六國帝有天下而不鬪
唐虞以美其治損益三代以御其世亦乃變

【第二十九紙】

唐虞以美其治積益三代以御其世尒乃廢
先聖之教任殘酷之政阻兵行威暴
虐海内故百姓怨毒雄桀奮起至於二世
社稷湮滅非武不能取而所守之者非也傳
曰夫兵猶火也不戢將自焚秦無戢兵之
慮故有自焚之禍好戰必亡此之謂也徐
偃王好行仁義不脩武備楚人伐之身死國滅
天下雖安武不可廢况以區區之徐處爭奪
之世乎忘戰必危此之謂漢高帝發迹泗水

之世乎辰戰安危興之謂漢高帝發迹泗水
龍起豐沛仁以懷遠武以弭難任奇納
册遂掃秦項被以惠澤飾以文德文武並
作祚流世長興帝高之舉也秦漢俱杖
兵用武以取天下漢何以昌秦何以亡秦知取而不知
守漢取守之具備矣乎中世孝武以成功
妖帝納元成以儒術失皇綱德不堪也王
莽世內尚文帝外繕師旅立明堂之制脩
辟廱之禮招集儒學思導古道文武

璧雍之禮稽集儒學思導古道文武之事備矣然而命絶於漸臺支解於漢兵者豈文武之不能治世哉而用之者拙也班他輸騁功於利器拙夫操刀而傷手非利器有害於工近而夫膏梁育體時或生疾針艾藥石時或療疾故體病則攻之以針艾疾療則養之以膏梁文武之道亦猶是矣世亂則威之以師旅道治則被之以文德

【第三十紙】

以文德

恤民

天生蒸民樹之以君所以綜理四海牧養品庶也王者據天位御萬國臨兆民之衆有率土之資此所以為尊者也然宮室壯觀出於民力器服珍玩生於民財千乘萬騎由於民衆无此三者則天子塊然獨在无所為尊者也明主智君附民以為尊國須政而後治其恤民也憂勞待旦日側忘食恕己及下務在博愛臨衍華

日側忘飡怨已及下教在博愛臨衍華
殿軒檻華美則欲民皆有容身之宅廬
室之居窈窕盈堂美女侍側則欲民皆
皆有妃匹之偶室家之好肥肉淳酒珠膳
玉食則欲民皆有餘粮之資充飢之餚輕
裘累煖衣裳重襲則欲民皆有溫身之
服澼寒之備凡四者生民之本性人情所共
有故明主樂之於上亦欲士女歡之於下是
以仁惠廣洽家安厥所臨軍則士忘其死

【第三十一紙】

以仁惠廣洽家安厥所臨軍則士忘其死御政則民盡其化此先王之所以量動静享長期者也若居無庇首之廬家無妃匹之偶口無充飢之食身無蔽軆之衣婚姻無以致娉死葬無以相郵飢寒入於腸骨悲愁出於肝心雖百舜不能禁其犯嚴于危不能成其治迹是以明主御世恤民養士恕下以身自近及遠化通宇宙不懼民之不安故能康厥世治播其德教焉

安故能康厥世治播其德教焉

群書治要卷第卌八

蓮華王院寶藏御本

加校點了

直講清原

圖書寮
番號 117
册數 48
函號 特 3

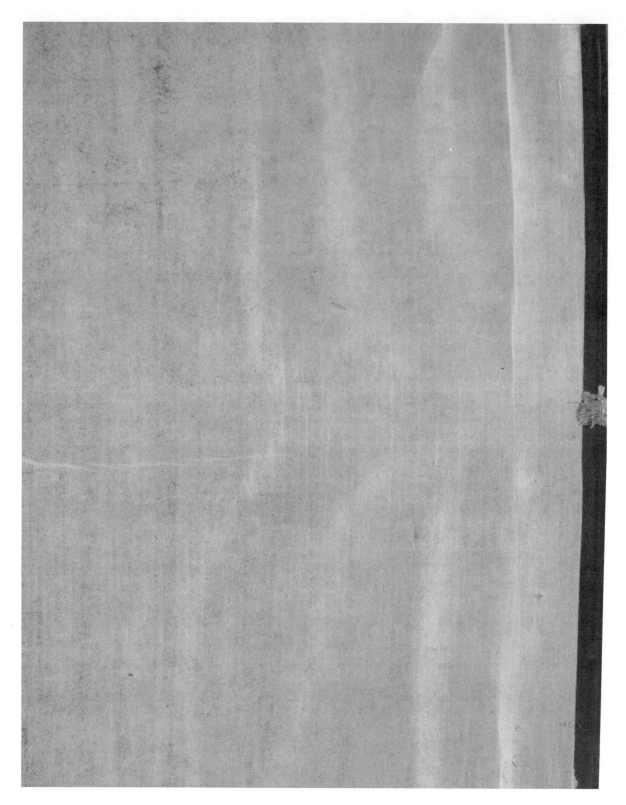

群書治要卷第卌九

秘書監鉅鹿男臣魏徵等奉　勅撰

傅子　傅玄

治體

治國有二相一曰賞二曰罰賞者政之大德也罰者政之大威也人所以畏天地者以其能生而殺之也為治審持二柄能使殺生不妄則其威德與天地並矣信順者天地之正道也詐逆者天地之邪路也民之所好莫甚於生所惡莫甚

邪路也民之所好莫甚於生所惡莫甚
於死善治民者開其正道因所好而賞之
則民樂其德也塞其邪路因所惡而罰
之則民畏其威矣善賞者賞一善而天下
之善皆勸善罰者罰一惡而天下之惡皆
懼者何賞公而罰不貳也有善雖疏賤必
賞有惡雖貴近必誅可不謂公而不貳
乎若賞一無功則天下飾詐矣罰一無
罪則天下懷疑矣是以明德慎賞而不

【第二紙】

罪則天下懐疑矣是以明徳慎賞而不肯輕之明徳慎罰而不肯忽之夫威徳者相須而濟者也故獨任威刑而無徳恵則民不樂生獨任徳恵而無威刑則民不畏死民不樂生不可得而教也民不畏死不可得而制也有國立政能使其民可教可制者其唯威恵之以相濟者乎

舉賢

賢者聖人所與共治天下者也故先王以舉聖為急舉賢之本莫大正

故先王以舉聖為焉舉賢之本莫大正
身而壹其聽身不正聽不壹則賢者不至雖
至不為之用矣古之明君簡天下良材舉
天下之賢人豈家至而戶閱之乎開至公之
路秉至平之心執大象而致之亦云誠而已矣
夫任誠天地可感而況於人乎傅說巖下之
築夫也高宗引而相之呂尚屠釣之賤老也文武
尊而宗之陳平項氏之亡臣也高祖以為腹心四
君不以小疵忘大德三臣不以疏賤而自疑其

【第三紙】

君不以小疵忘大悳三臣不以踈賤而自疑其
遠帝王之業不亦宜乎文王內舉周公旦天下
不以為私其子外舉太公望天下稱其公周公
誅弟而典刑立桓公任讎而齊國治苟其無私
他人之與骨肉其於誅賞豈二法哉唯公然
後可以舉賢也夏禹有言知人則哲惟帝其難
之因斯以談君莫賢於高祖臣莫賢於韓信
高祖在巴漢困矣韓信去楚而亡窮矣
夫以高祖之明困而思士信之奇材窮

夫以高祖之明困而思士信之奇材窮
而頗進其相遺也宜万里潛應不移景
而相取矣然信歸漢歷時而見知非徒不
見知而已又將棄法而誅之向不遇滕公則
身不覗免於戮死不值蕭何則終不離於亡
命幸而得存固水濱之餓夫市中之怯子委辱
市人可驅而王半天下之功也哉蕭何一言而
不世之交合定傾之功立豈蕭何知人
之明絕於高祖而韓信求進之專由

之明絶於高祖而韓信求進之高由
於蕭何乎尊卑之勢異高下之處殊
也高祖勢尊而處高故思進者難蕭
何勢卑而處下故自納者易然則居尊
高之位者其接人之道固難而在卑
下之地者其相知之道固易矣苟人知
居上取士之難故虛心而下聽知在下
相接之易故因人以致人乘之舉咎陶
難得咎陶致天下之士易湯舉伊尹難

【第四紙】

難得各陥致天下之士易湯舉伊尹難得伊尹致天下之士易故舉一人而聽之者王道也舉二人而聽之者霸道也舉三人而聽之者僅存之道也聽一人何以王也任明而致信也聽二何以霸也任術而設疑也聽三人何以僅存也從二而求一也明主任人之道専致人之道愽任之道専致耶不得聞致人之道愽故下无所難任人之道不専則讒説起而異心

所難任人之道不專則讒說起而異心
生致人之道不博則殊塗塞而良材屈
使舜禹得咎陶湯未得伊尹而不求賢
則上下不交而大業廢矣既得咎陶既
得伊尹而又人人用目是代大匠斲也君
臣易位勞神之道也今之人或抵掌而
而言稱古多賢患世無人退不自三省而
坐誣一世豈不甚邪夫聖人者不世而出
者也賢能之士何世無之何以知其然

【第五紙】

者也賢能之上何世无之何以知其然
舜興而五臣顯武王興而九賢進齊桓之
霸管仲爲之謀秦孝之強商君佐以法
徵王則王佐至欲霸臣出欲富國強兵則
富國強兵之人往求與不得喝无不知是
以天下之不乏賢也顧求與不求耳何
憂天下之無人乎

授職

夫裁徑尺之帛刑方寸之木
不任左右必求良工者裁帛刑木非无

不任左右必求良工者裁帛刊木非
右之所能故也徑尺之帛方寸之木薄
物也非良工不能裁之況帝王之佐經
國之任可不審擇其人乎故構大廈者先
擇匠然後簡材治國家者先擇佐然後
定民大匠構屋必大材為棟梁小材為榱
橑苟有所中尺寸之外木無棄也非獨
屋有棟梁國家亦然大悳為宰相與國
之棟梁也審其棟梁則經國之本立矣

之棟梁也審其棟梁則經國之本立矣
經國之本立則庶官無曠而天工時叙矣
技工　天下害莫甚於女飾上之人不節
其耳目之欲殫生民之巧以極天下之變
一首之飾乃盈千金之價婢妾之服兼四海
之珍縱欲者無窮用力者有盡之力追
無窮之欲此漢靈之所以失其民也上
欲無節衆下肆情淫奢並興而百姓受
其殃毒矣嘗見漢末一筆之柙雕鏤黄

【第六紙】

其狹毒矣嘗見漢末一筆之柙雕以黃
金飾以和璧綴以隨珠發以翠羽此筆
非文犀之楨必象齒之管豐狐之柱秋兔
之翰用之者必被珠繡之衣踐雕玉之
履猶是推之極靡不至矣然亦猶夫刻
石為碑鐫石為虎碑虎崇僞陳於三
衢妨功喪寘異端並起衆邪之亂正若
此豈不哀夫經國立功之道有二一曰息
欲二曰明制欲息制明而天下定矣

檢商賈

故二曰明制欲其制明而天下定矣

檢商賈

夫商賈者所以仲盈虚而權天地之利通有無而壹四海之財其人可甚賤而其業不可廢蓋衆利之所充而積偽之所生不可不審察也古者民樸而化淳上少欲而尠下偽衣足以暖身食足以充口器足以給用居足以避風雨養以大道而民樂其生敦以大質而下無逸心日中為市交易而退各得其所

【第七紙】

無邪心日中為市交易而退各得其所蓋化淳也暨周世殷盛承變極文重為之防國有定制下供常事賤役有恒業不廢君臣相與一體上下譬之形影官恕民忠而恩侔父子上不徵非常之物下不供非常之求君不索無用之寶民不鬻無用之貨自公侯皂隸僕妾尊卑殊禮貴賤異等万機運於上百事動於下而六合晏如者分數定也夫神農正其綱先之以

合晏如者分數定也夫神農匡其綱之以
無欲而咸安其道周緣其目盡之以中與而
民不越及秦乱四民而廢常賤競逐末利
而弃本業苟合壹切之風起矣於是士豪
於朝賈窮偽於市臣挾邪以内其君子懐
利以詐其文一人唱歎而憶兆和上遅無厭
之欲下充無極之求都有專市之賈邑有傾
世之商賈富半公室農夫伏於隴畝而墜
溝壑上愈増無常之好以徵下下窮死而栗

溝壑上愈增無常之好以徵下〻窮死而不
知所歸哀夫且末流濫溢而本源竭纖靡
盈市而穀帛罄其勢盤也右言非典義學
士不以經心事非申桑農夫不以亂業器非時
用工人不以措手物非世資商賈不以適市
士思其訓農思其務工思其用賈思其常
是以上用足而下不匱故壹野不如壹〻
市〻不如壹朝〻壹朝不知上息欲上息
欲而下反真矣不息欲於上而欲於止而欲

【第八紙】

欲而下反真矣不息欲於上而欲於上而欲
下之安靜此猶縱火焚而索原野之不燋
廢難矣故明君止欲而寛下急商而緩農
貴本而賤末朝無蔽賢之臣市無專利之賈
國無擅山澤之民一臣蔽賢則上下之道壅
商賈專利則四方之貨閉民擅山澤則兼
并之路開兼并之路開而上以無常役下賦
一物非民所生而請於商賈則民財暴賤
民財暴賤而非常暴貴非常暴貴因本

民財暴賤而非常暴貴非常暴貴則本竭而末盈末盈本竭而國富民安未之有也

仁論

昔者聖人之崇仁也將以興天下之利也利或不興須仁以濟天下有不得其所若己推而委之於溝壑然夫仁者蓋推己以及人也故己所不欲無施於人推己所欲以及天下推己心孝於父母以及天下則天下之為人子者不失其事親之道矣推己心有樂於妻子以及天下天下之為人父者不失其室家之

【第九紙】

妻子以及天下之為人父者不失其室家之
歡矣推己之不忍於飢寒以及天下之心含生
無凍餒之憂矣此三者非難見之理非難
行之事唯不内推其心以恕乎人未之思耳
夫何遠之有哉古之仁人推所好以訓天下而民
莫不尚德推所惡以誡天下而民莫不知恥
子曰仁遠乎哉我欲仁斯仁至矣此之謂也若
子方惠及於老馬西巴不忍而放麑斯仁之端也
推而廣之可以及乎遠矣

推而廣之可以及乎遠矣

義信

蓋天地著信而四時不悖日月著信而昏
明有常王者體信而萬國以安諸侯秉信
而境內以和君子履信而身以立古之聖君賢
佐將化世美俗去信須臾而能安上治民者未
之有也夫象天則地履信思順以壹天下此王
者之信也據法持正行以不貳此諸侯之信
也言出乎口結乎心守以不移以立其身此
君子之信也講信脩義而人道定矣若君不

君子之信也講信脩義而人道定矣若君不
信以御臣々不信以奉君父不信以教子々不
信以事父夫不信以遇婦々不信以承夫則君
臣相疑於朝父子相疑於家夫婦相疑於室矣
小大混然而懷姦心上下紛然而競相欺人
倫於是亂矣夫信由上而結者也故君以信訓其
臣則臣以信忠其君父以信誨其子則子以
信孝其父夫以信先其婦則婦以信順其夫上
秉常以化下々服常而應上其不化者百未

【第十紙】

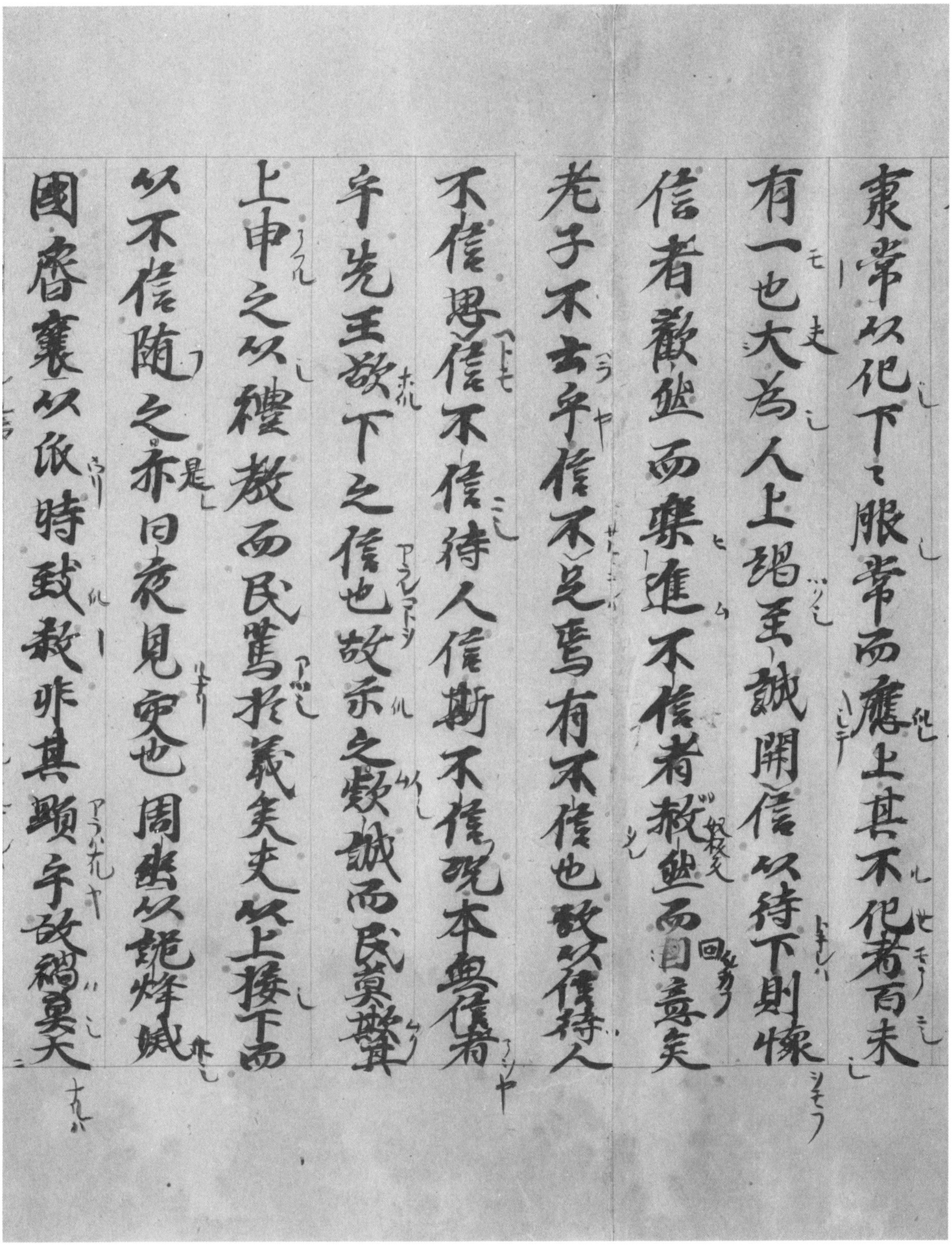

衆常以佗下〻賤常而應上其不佗者百未
有一也夫為人上竭至誠開信以待下則懷
信者歡然而樂進不信者赧然而回意矣
老子不云乎信不足焉有不信也故以信待人
不信思信不信待人信斯不信况本無信者
乎先王敬下之信也故示之以誠而民莫欺其
上申之以禮教而民篤於義矣夫以上接下而
以不信隨之亦同夜見變也周幽以詭烽賊
國齊襄以依時致殺非其顯乎故禍莫大

國督竊以依時致穀非其願乎故禍莫大
於無信無信則不知所親不知所親則左右盡
已之所疑況天下乎信者亦疑不信亦疑則
忠誠者喪心而結舌懷姦者飾邪以自納此
無信之禍也

禮樂

禮樂　傅子曰能以禮教興天下者其知大
本之所立乎人大本者與天地並存與道
俱設雖蔽天地不可以質文損益變也大
本有三一曰君臣以立邦國二曰父子以定家

本有三一曰君臣以立邦國二曰父子以定家
室三曰夫婦以殊內外三本者立則天下正三本
不立則天下不可得而正天下不可得正則
有國有家者亟亡而立人之道廢矣禮
之大本存乎三者可不謂之近乎用之而敬
天地可不謂之遠乎由近以知遠推己以況人
此禮之情也商君始殊禮樂至乎始皇遂滅
其制賊九族破五教獨任其威刑酷暴
之政內去礼義之教外無列國之輔曰縱欲

之政内去礼義之教外無列國之輔日從桀紂之淫樂君臣競尚尊於刑書雖荷戟百萬石城造天威淩滄海胡越不動身死未收姦謀内發而太子已死於外矣胡亥不覺二年而賊害無盡忠効節之臣以救難豈非敬義不立和愛先亡之禍也哉礼義者先王之藩衛也廢禮義是去其藩衛也夫衡不可言之寶獨高於野其為危敗甚於累卵方之於秦猶有泰山之安易曰上慢下暴盗思伐

於秦猶有秦山之安易曰上慢下暴盜思伐
之其秦之謂與
法刑立善防惡謂之禮禁非立是謂之
法〻也所以匠不法也明書禁令曰法誅殺
威罰曰刑治世之民從善者多上立德而
下服其化故先禮而刑也亂世之民從善者
少上不能以德化之故先刑而後禮也周書曰
小乃不可不殺乃有大罪非終乃惟眚災
然則心惡者雖小必誅意善過誤雖大必

【第十二紙】

然則心惡者雖小必誅意善過誤雖大必
赦此先王所以立刑法之本也礼法殊塗而
同歸賞刑遞用而相濟矣是故聖帝明王惟
刑之恤惟敬五刑以成三德若乃暴君昏主
刑殘法酷作五虐之刑設炮格之辟而天下
之民無所措其手足矣故聖人傷之乃建三
典殊其輕重以定厥中司寇行刑君為之
不舉樂哀矜之心至也八辟議其故而宥之
仁愛之情篤也棄慮之生聞先王之有哀矜

仁愛之情篤也柔慮之主聞先王之有哀矜
仁愛議獄緩死也則妄輕其刑而赦元惡刑
妄輕則威廢隨而法易犯赦元惡則姦人
興而善人困剛猛之主聞先王之以五刑糺萬
民舜誅四凶而天下服也於是峻法刑以侮
天下罪連三族戮及善民無辜而死者過半
矣下民怨而思叛諸侯乘弊而起萬乘之主
死於人手者失其道也靡秦之君所以威制天
下而或不能自保其身何也法峻而教不詳也

【第十三紙】

下而或不能自保其身何也法峻而教不設也未備見峻法之生叛則去法而純仁偏請見寬法之失政則去仁而法此刑法所以世輕世重而恒失其中也

重爵祿

爵祿者國柄之本而貴富之所由不可以不重也然則爵非其人不授祿非功不與二教既立則良士不敢以賤惪受貴爵勞臣不敢以微功受重祿况無惪無功而敢虛干爵祿之制乎然則先王之用爵

而敢虛于爵祿之制乎然則先王之用爵祿不可謂輕矣夫爵者位之級而祿官之實也級有等而稱其位實足利而周其官此立爵祿之分也爵祿之分定必明選其人而重用之德貴功多者受重爵大位厚祿尊官德淺功寡者受輕爵小位薄祿卑官厚足以衛宗黨薄足以代其耕居官奉職者坐而食於人既食於人不敢以私利經心既受祿於官而或營私利則公

利經心既受祿於官而或營私利則公
法繩之於上而顯議廢之於下是以仁
議之廉存恥之仕汙貪鄙之路塞耆欲
之情賊百官各敬其職大臣論道於朝公議
曰興而私利曰廢矣明君必須善制而後致
治非善制之能獨治也必須良佐有以行之
也欲治甚民而不省其事則事繁而職亂
知省其職而不務其吏厚其祿也則下力
既竭而上猶未保其祿也則吏競背公義

既竭而上猶未供其祿也則吏競背公義
營私利此教之所以必廢而不行也凡欲為
治者无不欲其吏之清也不知所以致清求其
清此猶得其源而望其流之潔也知所以
以致清則雖舉盜跖不敢為非不知所以致
清則雖舉夷叔必犯其制矣夫授夷叔以
事而薄其祿近不足以濟其身遠不足以及
室家父母餓於前妻子餒於後不營則
骨肉之道虧營之則奉公之制犯骨肉之

骨肉之道虧營之則奉公之制犯骨肉之
道虧則怨毒之心生怨毒之心生則仁義之理衰
矣使夫雖有文母存無以致養必不援徵於
首陽顧公制而守死矣猶此言之吏祿
不重則夫雖必犯矣夫弃家門委身於公朝
榮不足以庇宗人祿不足以濟家室骨肉怨
於內交黨離於外仁孝之道虧名譽之利
損能守志而不移者鮮矣主不詳察其
怨興於內而交離於外薄其名必時豐其身

名興於内而實離於外薄其名以時點其身
矣家困而身默不移之士不顧私門之名
不憚遠近之謫死而後已不改其行上不見
信於君下不見明於俗遂委死溝壑而終
莫之能也豈不悲夫下知為清之若此則改行
而行俗矣清者化而為濁善者變而陷於
非若此而能以致治者未之聞也

平役賦

昔先王之興役賦所以安上濟
下盡利用之宜是故隨時質文不過其節

下盡利用之宜是故隨時質文不過其節
計民豐約而平均之使力足以供事財足以
周用乃立壹定之制以為常典甸都有
常分諸侯有常職焉萬國致其貢器用殊
其物上不興非常之賦下不進非常之貢上
下同心以奉常教民雖輸力致財而莫怨其
上者所務公而制有常也戰國之際弃義任
威競相吞伐而天下之民困矣秦并海内
遂滅先王之制行其暴政内造阿房之宮

遂滅先王之制行其暴政内造阿房之宮
繼以驪山之役外築長城之限重以越之
戍賦過太半傾天下之財不足以盈其欲
役及閭左竭天下之力不足以周其事於是
蓄怨積憤同聲而起陳涉須梁之疇奮鈎
大呼而天下之民響應以從之驪山之基未
閉而敵國已收其圖籍矣昔者東野畢
御盡其馬之力而顔回知其必敗況御天下
而可盡民之力也哉用人之歲力不過三旬

【第十六紙】

而可盡民之力也雖用人之歲力不過三日
者謂治平無事之世故周之典制載焉若
黃帝之時外有赤帝蚩尤之難内設舟車
門衛甲兵之備六興大役再行天誅居無安
處即天下之民亦不得不勞也勞而不怨用之
至平也禹鑿龍門闢伊闕疏九山湮百川過門
不入薄飲食卑宮室以率先天下天下樂盡其
力而不敢辭勞者儉而有節所趣公也故世有
事即役煩而賦重世無事即役簡而賦輕

事即役煩而賦重世無事即役簡而賦輕
役簡賦輕則奉上之礼宜崇國家之制宜
備此周公所以定六典也役煩賦重即上宜
損削以恤其下事宜從省以救其用此黄帝
堯舜禹之所以成其功也後之為政思黄帝
之至乎堯禹之積儉周之有帝随時益損而
息耗之庶幾雖勞而不怨矣

貴教

虎至猛也可畏而服鹿至麁也可教而使
木至勁也可柔而屈石至堅也可消而用現

【第十七紙】

木至勁也可柔而屈石至堅也可消而用況
人含五常之性有善可因有惡可改者
乎人之所重乎身貴教之道行士有伏節
成義死而不顧者矣此先王因善教義因義
而立禮者也因善教義故義成而教行因義
立礼故礼設而義通若夫商韓孫吳知人性
之貪得樂進而不知兼濟其善於是束之以
法要之以功使下唯力是恃唯爭是務恃
力務爭是務恃湯赴火而忘其身好利之心獨

力務爭是務恃湯起火而亡其身好利之心獨
用也人懷好利之心則善端沒矣中國所以常
制四夷者禮義之教行也失其所以教則同
乎夷狄矣其所以同則同乎禽獸矣不唯同乎
禽獸亂將甚焉何者禽獸保其性然者也人
以智使力者也智役力而無教節是智功日
用而相殘無極也相殘無極亂熟大焉不濟
其善而唯力是恃其不大亂幾稀耳人之性避
害從利故利出於禮讓即循禮讓利出於力

皆從利故利出於礼讓即脩礼讓利出於力
爭則任力爭脩礼讓則上安下順而无侵奪任
力爭則父子幾乎相危而況於悠々者乎

戒言

誡言

上好惡則下脩行上言則下飾辯
脩行則仁義興焉飾辯則大偽起焉此必然
之徵也惡者難成而難見者也言者易撰
而易悦者也先王知言之易而悦之者衆故不
尚焉不尊賢尚惡舉善以教而以言之悦
取人則天下之弃惡飾辯以要其上者不尠

【第十八紙】

取人則天下之弃悳飾偽以要其上者不尠
矣何者悳難為而言易飾也夫貪榮重利
常人之性也上之所好榮利存焉故上好之下
必趣之趣之不已雖死不避也先王知人有好
善尚悳之性而又貪榮而重利故貴其所
尚而抑其所貪貴其所尚故禮讓興抑其所
貪故廉恥存夫榮利者可抑而不可絶也故明
為顯名高位豐禄厚賞使天下希而慕之
不修行崇悳則不得此名不居此位不食此

不修行崇德則不得此名不居此任不食此
祿不獲此賞此先王立教之大體也夫德
修之難不積其實不成其名文言撰之
易合所悅而大用修之不久所悅无常故
君子不貴也

正心

正心 主德之本莫尚乎正心心正而後身
正身正而後左右正左右正而後朝廷正
朝廷正而後國家正國家正而後天下正
故天下不正修之國家不正修之朝廷朝廷

【第十九紙】

故天下不正修之國家不正修之朝廷朝廷
不正修之左右不正修之於身身不正修之
心所修彌近而所濟彌遠湯禹罪己其
興也勃焉正心之謂也心者神明之主萬
理之統動而不失正天地可感而況於人乎
夫有正心必有正惪以正惪臨民猶樹表
望影不令而行大雅云儀刑文王万邦作孚
此之謂也有邪心必有枉行以枉行臨民
猶樹曲表而望其影之直若乃身坐廊

猶樹曲表而望其影之直若乃身坐廊
廟之內意馳雲夢之野臨朝宰事情
繫曲房之娛心與體離情與志乖形神
且不相保況左右之能正乎哉忠正仁理存
乎心則萬品不失其倫矣禮度儀法存
乎體則遠近內外咸知所象矣古之大
君子修身治人先正其心自得而已矣能
自得則無不得矣苟自失則無不失矣
無不得者治天下有餘故否則保身居正

【第二十紙】

無不得者治天下有餘故否則保身居正
終年不失其和違則無兼善天下物無不
得其所無不失者營妻子不足故否則是
己非人而竊遠乎其身違則從情用物而
狹及乎天下昔者有虞氏彈五絃之琴而
天下樂其和者自得也秦始皇築長城之塞
以爲國禍機發於左右者自失也夫推心
以及人而四海蒙其佑則文王其人也不推
心慮用天下則左右不可保己秦是也秦之

虣薄報反 与暴同

以慮用天下則左右不可保亡秦是也秦之
虣君目玩傾城之色天下男女怨曠而不肯恤
也耳淫亡國之聲天下小大哀怨而不知極
也意盈四海之外口窮天下之味宮室過天而
起萬國為之憔悴猶未足以逞其欲唯不
推心以況人故視用人如用草芥使用人如用
己惡有不得其性者乎古之達治者知心為
萬事主動而無節則亂故先正其心其心正於
內而後動靜不妄以率先天下而後天下履

通志

輻湊

身而後動靜不妄以率先天下而後天下履正而誠保其性也斯遠乎貪求之心而已矣夫能通天下之志者莫大乎至公能行至公者莫要乎無忘心唯至公故近者安焉遠者歸焉枉直取正而天下信之唯無忘心故進者自盡而退不懷疑其道泰然浸潤之譖不敢干也虞書曰闢四門天下之人輻湊其庭矣明四目則天下之人樂為之視矣達四聰則天下之人樂為之聽矣

之覩矣達四聰則天下之人樂為之聽矣
江海之所以能為百谷王者以其不逆之也
苟有所逆受流之不至者多矣衆流不至者
多則無以成其深矣夫公心必有公道有
公道必有公制丹朱商均子也不肖堯舜黜之
管叔蔡叔弟也為周公誅之苟不善雖子弟
不赦則於天下無所私矣鯀亂政舜極之
禹聖明舉用之誅其父而授其子則於天下
無所怨矣石厚子也石碏誅之棄歟讎也晉

無所辱矣石厚子也不磷銖之業歟雖世習
便舉之𧡦之謂乎道未在人上天下請焉
之用無遠无近尚所懐得達死命可致也
唯患衆流異源清濁不同愛惡相攻觀
流黨別上之人或有所好所好之流獨進而
所不好之流退矣進者一而塞者萬則去
道廢而利道行矣於是天下之毒塞而不通
欲自納者因左右而達則權移左右而勢分
矣勝於利者知趣左右之道必棄業以求進

【第二十二紙】

矣昧於利者知趣左右之適必變業從進
矣昧利者變業而黨成正士守志而日否
則雖見者乃益遠而上之所聞實寡矣
於人而內實闇此自閉之道也故先王之教
進賢者為上賞蔽賢者為上戮順禮者進
逆者誅毀誹謗之木容狂狷之人任公而
去私內恕而無忌是之謂公制也公道行
則天下志通公制立則私曲之情塞矣凡有
而氣苟不相順詩有爭心隱而難分微而

而氣苟不相順背有爭心隱而難分微而
害深者莫甚於言矣君人者將和衆定民
而殊其善惡以通天下之志者也聞言不
可不審也聞言未審而以定善惡則是非
有錯而飾辯巧之言流起矣故聽言不如觀
々事々不如觀行聽言必審其本觀事必校
其實觀行必考其跡參三者而詳之近少失
矣問曰漢之官制皆用秦法秦不二世而滅
賊世餘世而後亡者何也答曰其制則同

【第二十三紙】

賊世餘世而後亡者何也答曰其御則同
用之則異秦任德而有恩心法峻而惡聞其
失任德則達者衆有恩心則天下戴之法峻則
民不順之惡聞其失則過不上聞與秦之所
不以二世而賊也漢祖入秦約法三章論功
定賞先封所憎約法三章云而爾也先封讎
憎無恩也雖內漏吞舟而百姓安之者能通天
下之志得其略也世尚爾尊儒貴學政雖有失
能容直臣爾則不苟寛則衆歸之尊儒貴

能容直臣簡則不苟寛則衆歸之尊儒貴
學則民篤於義能容直臣則上之不塞於下
而民之所患上聞矣自非聖人焉無失而
改則所失少矣心以為是故言行由之其或
不是自知也先王患人之不自知其失而憂
尊者天下之命在焉順之則生逆之則死
順而無節則諂諛進逆而畏死則直道屈
明主患諂諛已者衆而由無聞失也故開敢
諫之路納逆己之言苟所言出於忠誠雖

諫之路納逆己之言苟所言出於忠誠雖
事不盡是猶歡然之所通直言之塗而
致之非為名也以為直言不聞則己之耳目
塞耳目塞於內諫者嗔之於外此三季所以至
亡而不自知也周昌比高祖於桀紂而高祖悦
以愛子周亞夫申軍令而太宗為之不驅朱
雲折檻事廢忌叩頭流血斷乃寬簡之
風漢所以歷年四百也~~曲制~~

曲制

天下之禍莫大於無敵天下之禍莫大於不

【第二十四紙】

曲制

天下之禍莫大於無欲天下之禍莫大於不
知足無欲則無求無求者所以成其儉也
不知足則物莫能盈其欲矣莫能盈其欲則
雖有天下所求無已所欲無極矣海內之
物不益萬民之力有盡縱無已之求以贍不
益之物逞無極之欲而役有盡之力此殷士所
以倒戈於牧野秦民所以不期而周叛曲
論之好奢而不足者豈非天下之大禍耶

安民

安民　民富則安貧則危明主之治也分

安民

安民　民富則安貧則危明主之治也分
其業而壹其事業分則不相亂事壹則各
盡其力而不相亂則民必安矣重親民之
吏而不數遷重則樂其職不數遷則志不
流於他官樂其職而志不流於他官則盡
恤其下盡心以恤其下則民必安矣附法
以寬民者賞尅法以要名者誅寬民者
賞則法不虧於下尅民者誅而名不亂於
上則民必安矣量時而置官則吏省而民

【第二十五紙】

上則民必安矣量時而置官則吏省而民供吏省則精〻則當才而不遺力民則供順〻則思義而不背上〻愛其下〻樂其上則民必安矣篤鄉閭之教則民存知相恤而亡知相救存相恤而亡相救則鄰居相恃懐土而無遷志鄰居相恃懐土無遷志則民必安矣度時宜而立制量民力以役賦役賦有常上無横求則事〻有備而并兼之隙塞事有備并兼之隙塞則民必安

复之隄塞事有備并复之隄塞則民必安矣圖遠必驗之近興事必度之民知稼穡之艱難重用其民如保赤子則民必安矣職業無分事務不盡職荒事廢相替不已若是者民危亂民之吏不重有資者無勞而數遷覺營私以害公飾虛以求進仕官如寄視用其民如用路人若是者民危以法寛民者不賞刻民為能者必進下力盡矣而用之不已若是者民危吏多而民

盡矣而用之不已若是者民寃更多而民
不能供上下不相樂若是者民老鄉閭無
敎存不相恤而亡不相救若是者民危不度
時而立制不量民而役賦無常橫求相仍
弱窮迫不堪其命若是者民危覦速而
忘近興事不度於民不知稼穡艱難而轉
用之如是者民危安民而上危而上而上安
者未之有也虞書曰安民則惠黎民懷之
甚爲治之要乎今之刺史古之牧伯也今之

【第二十六紙】

其為治之要乎今之刺史古之牧伯也今之
郡縣〃古之諸侯也州總其統郡舉其綱
縣理其目各有職守不得相干治之經也吏
彈枉正邪糺其不法擊一以驚百者刺
史之職也比物授誠孝定能否均其勞逸
同其得失有大不可而後舉之者太守之職
也親民授業平理百事猛以威吏寬以容民
者令長之職也然則令長者最親民之吏百
姓之命也國以民為本親民之吏不可以不留意

姓之命也國以民為本親民之吏不可以不審

也

擧仁

傅子曰利天下者天下亦利之害天下者

天下亦害之利則利害則害無有幽深

隱微無不報也仁人在位常為天下所歸

者無他也善為天下興利而已矣

問政

劉子問政傅子曰政在去私私不去則公

道亡公道亡則禮教無所立禮教無所

立則刑賞不用情刑賞不用情而下從

立則刑賞不用情刑賞不用情而下從
之若未之有也夫教者所以立之道也
唯立然後可正天下傅子曰善為政者天地
不能害也況於人乎堯水湯旱而人無
菜色也猶太平也不亦義乎晉饑矣辭而
為秦越舍人且害之而於天地乎

問刑

傅子曰秦始皇之無道豈不甚哉視
殺人如殺狗彘狗彘仁人用之猶有節
始皇之殺人觸情而已其不以道如是而李

【第二十八紙】

始皇之殺人觸情而已其不以道如是而李
斯又深刑峻法隨其指而妄殺人秦不二世
而滅李斯無遺類以不道遇人亦以不道
報之人讎之天絶之行無道未有不亡者也
或曰漢太宗除肉刑可謂仁乎傅子曰匹
夫之仁非王天下之仁也夫王天下者大有濟
者也非小不忍之謂也先王之制殺人者死故
生者懼傷人者殘其體故終身懲所刑者
寡而所濟者衆故天下稱仁焉今不忍殘

寡而所濟者衆故天下稱仁焉今不忍殘
人之軀而忍殺之既不顯傷人刑輕是失其
所以懲也失其所以懲則易傷人人易相傷亂之
漸也猶有不忍人心故可謂失之仁也

信道

信直　傅子曰古之賢君樂聞其過故
直言得至以補其闕古之忠臣不敢隱君
之過故有過者知所以改其或不改以死
繼之不亦至直乎
傅子曰王武季文子之事君也使辱人不

【第二十九紙】

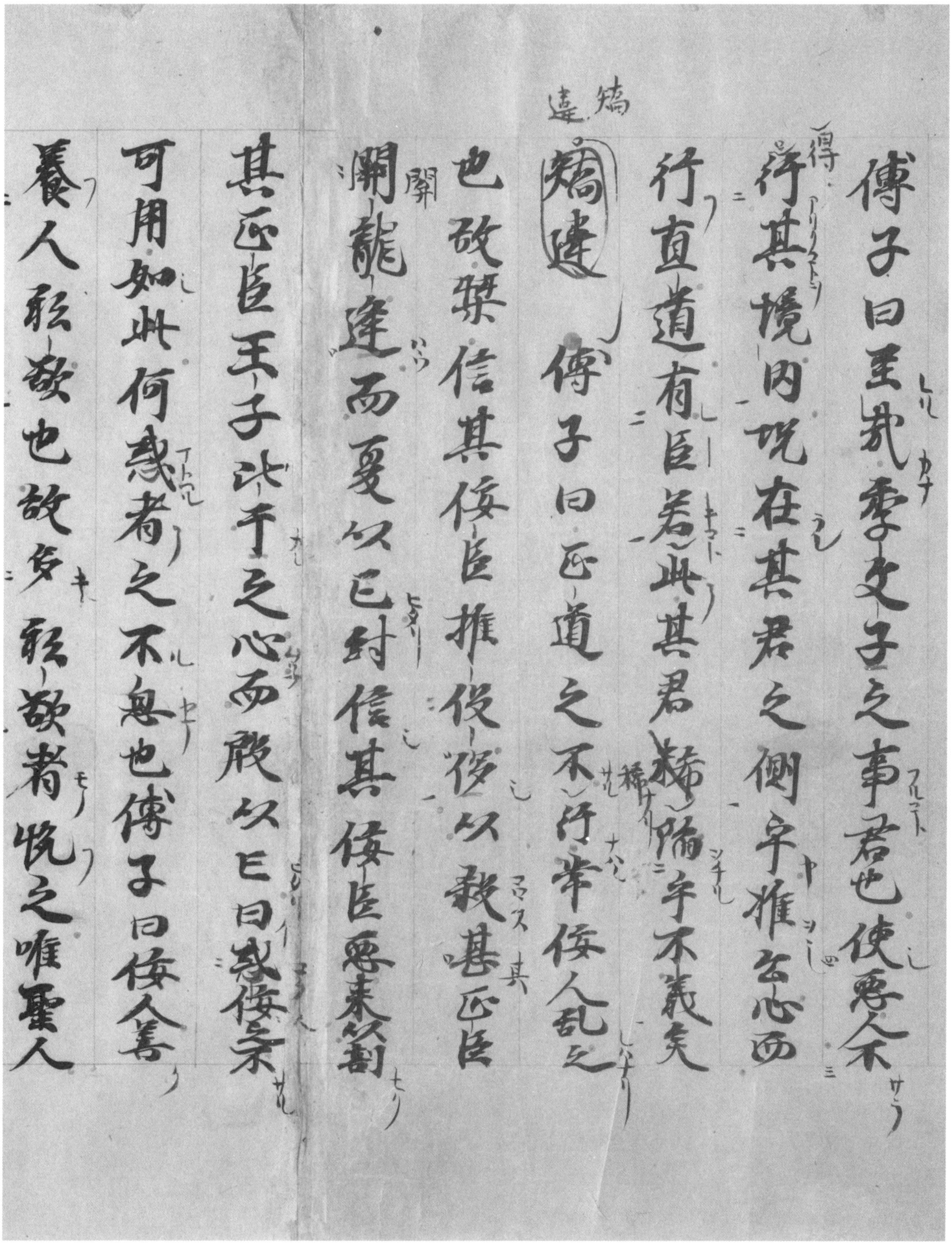

傅子曰昔魯季文子之事君也使惡人不
得行其境内況在其君之側乎推此心而
行直道有臣若此其君稀陷乎不義矣
矯違傅子曰正道之不行常佞人亂之
也故桀信其佞臣推侈以殺其正臣
關龍逢而夏以亡紂信其佞臣惡來以割
其正臣王子比干之心而殷以亡曰惑佞柰
可用如此何惑者之不息也傅子曰佞人善
養人私欲也故多私欲者悅之唯聖人

養人私欲也故多私欲者悦之唯聖人
無私欲賢者能去私欲也有見人之私欲
必以正道矯之者正人之徒也違正而從之
者佞人之徒也自察其心斯知佞正之分矣
或問佞孰為大傅子曰行足以服俗辭
足以惑衆言必稱乎仁義隱其惡心而不
可卒見伺主之欲微合之得其志敢以非
道陥善人稱之有術飾之有利非聖人
不能別此大佞也其次心不欲為仁義言

【第三十紙】

不能別與大佞也其次心不敬為仁義言
亦必稱之行無大可非動不違乎俗命
主所欲而不敢逆也有害之者然後陷之最
下佞者行不顧乎天下唯求主心使之巧
辭自利而已顯然害善行之不怍若四可
謂大佞者也若安昌侯張禹可謂次佞也君
趙高石顯可謂最下佞者也大佞形隱
為害深下佞形露為害淺形露猶不別之
可謂主闇也已

【第三十紙】

可謂至闇也已

治正

治人之謂治正己之謂正人不能自治故
設法以一之身不正雖有明法即民或不從
故君子先正己以先之也然即明法者所以齊衆
也正己者所以率人也夫法設而民從之
者得所欲也法獨設而無主即不行有主而
不一則勢分一則順分則争此自然之理也

假言

天地至神不能同道而生万物聖

假言

天地至神不能同道而生万物聖人至明不能一撿而治百姓故以異致同者天地之道也因物制宜者聖人之治也既得其道雖有詭常之變相害之物不傷乎治體矣水火之性相滅也善用之者陳釜鬲乎其間爨之煑之而能兩盡其用不相害也五味以調百品以成天下之物為水火者多矣若施釜鬲乎其間則何憂乎相害何患而不盡其用也

【第三十一紙】

不盡其用也

群書治要卷第卅九

本云蓮華王院寶藏御本交點了

直講清原教隆

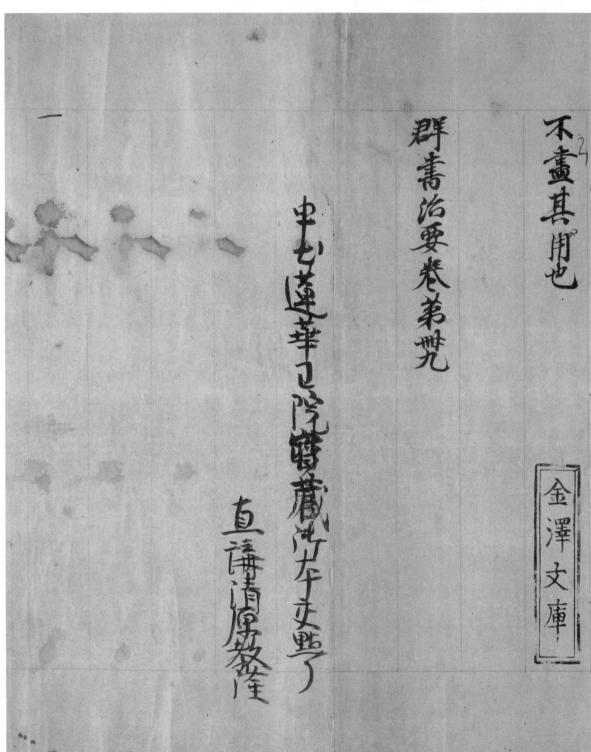

【第三十一紙】

群書治要卷第卌九

申出蓮華王院寶藏御本交點了

直講清原教隆

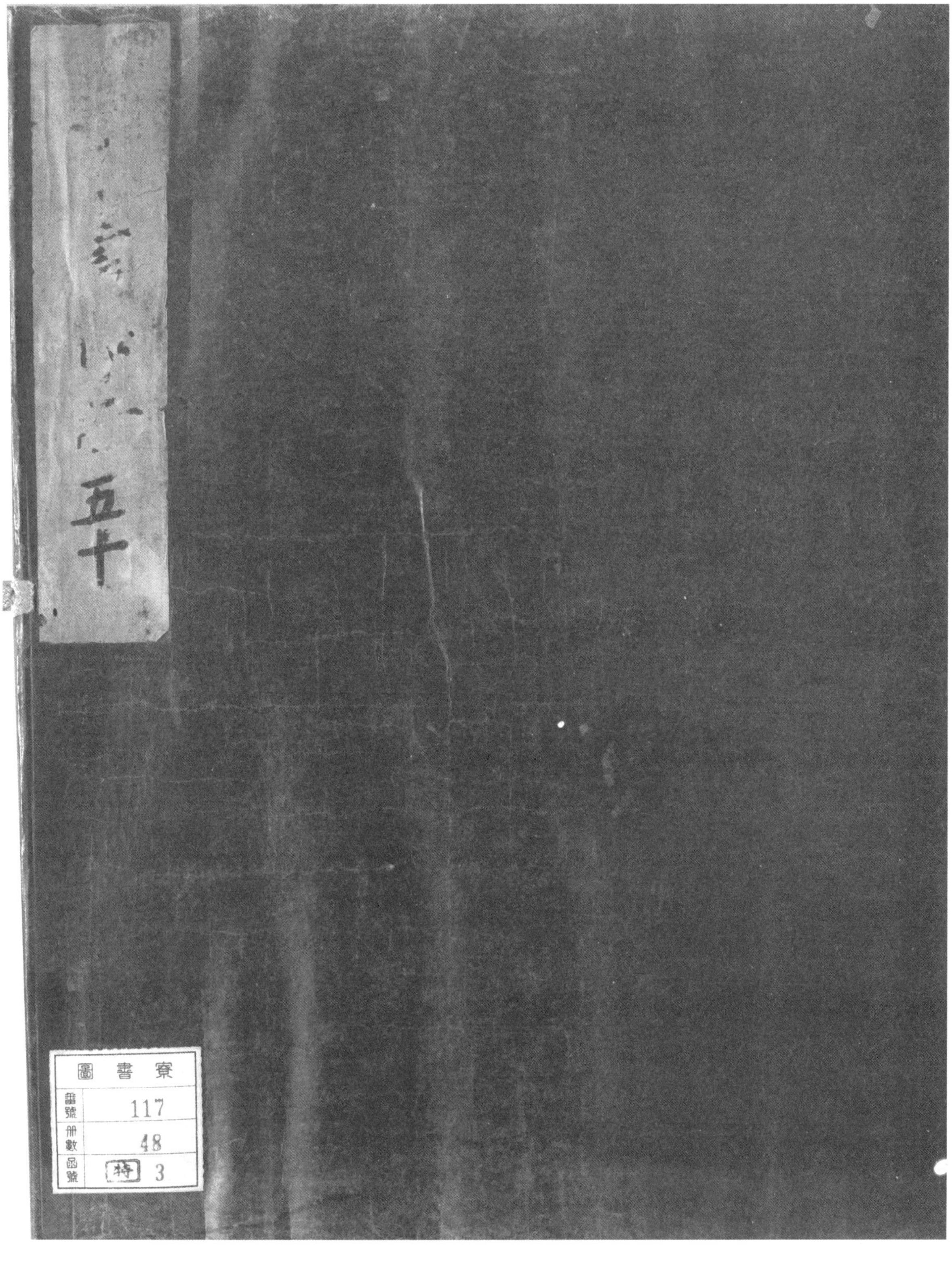
五十
圖書寮
117
48
特 3

群書治要巻第五十　祕書監鉅鹿男臣魏徵等奉　勅撰

袁子正書　抱朴子

袁子正書　袁準

體政

治國之大體有四一曰仁義二曰礼制

三曰法令四曰刑罰四本者具則帝王

之功立矣所謂仁者愛人者也愛父

母之行也為民父母故能興天下之利

母之行也為民父母故能興天下之利
也所謂義者能辯物理者也物得理故
能除天下之害也興利除害者則賢人
之業也夫仁義禮制者治之本也法令
刑罰者治之末也無本者不立無末者
不成夫禮教之治先之以仁義示之以
敬讓使民遷善日用而不知也儒者見
其如此因謂治國不須刑法不知刑法承
其下而後仁義興於上也法令者賞善

【第二紙】

其下而後仁義興於上也法令者賞善
禁淫居治之要會商韓見其如此曰日
治國不待仁義不知仁義為之體故法
令行於下也是故導之以德齊之以禮
則民有恥導之以政齊之以刑則民苟
免是治之貴賤者也先仁而後法先教
而後刑是治之先後者也夫遠物難明
而近理易知故禮讓緩而刑罰急是治
之緩急也夫仁者使人有德不能使人

之緩急也夫仁者使人有德不能使人
知禁礼者使人知禁不能使人必仁故
本之者仁明之者禮也必行之者刑罰
也先王為礼以達人之性理刑以承禮
之所不足故以仁義為不足以治者不
知人性者也是故失教失教者無本也
以刑法不為可用者是不知情偽者也
是故失威失威者不禁也故有刑法而
無仁義久則民忿則怨也有仁義而無

無仁義及則民怠則怒也有仁義而無
刑法則民慢民慢則姦起也故曰本之
以仁成之以法使兩通而無偏重則治
之至也夫仁義雖弱而持久刑殺雖強
而速亡自然之治也

【第三紙】

經國　先王之制立爵五等所以立蕃
屏利後嗣者也是故以國治而萬世安
秦以列國之勢而并天下於是去五等
之爵而置郡縣雖有親子母弟皆爲匹

之爵而置郡縣雖有親子母弟皆為匹
夫及其衰一夫大呼而天下去及至漢
家見亡秦之以孤特亡也於是大封子
弟或連城數十廓地千里自關已東皆
為王國力多而權重故亦有七國之難
魏興以新承大亂之後民人損減不可
則以古始於是封建侯王皆使寄地空
名而無其實王國使有老兵百餘人以
衛其國雖有王侯之号而乃儕於匹夫

衛其國雖有王侯之号而力侔於匹夫
懸隔千里之外無朝聘之儀隣國無會
同之制諸侯遊獵不得過卅里又為設
防輔監國之官以司察之王侯皆思為
布衣不能得既違宗國蕃屏之義又虧
親戚骨肉之恩昔武王既克殷下車而
封子弟同姓之國五十餘然亦卜世卅
卜年七百至于王赧之喪海内无主卅
餘年故諸侯之治則輔車相持翼戴天

【第四紙】

餘年故諸侯之治則輔車相持翼戴天
子以礼征伐雖有亂君暴主若楚之
君者不過恣睢其國惡能爲天下害乎
周以千乘之賦封諸侯今也曾無一城
之田何周室之奢泰而今日之儉少也
豈古今之道不同而今日之勢然哉未
之思耳夫物莫不有弊聖人者豈能無
衰能審終始之道取其長者而已今雖
不能盡建五等猶宜封諸親戚使少有

不能盡建五等猶宜封諸親戚使少有
土地制朝聘會同之義以合親戚之恩
講礼以明其職業黜陟以討其不然如
是則國有常守兵有常強保世延祚長
久而有家矣　設官　古者三公
論王職六卿典事業事大者官大事小
者官小今三公之官或無事或職小又
有貴重之官無治事之實此官虛設者
也秦漢置丞相九卿之官以治萬機其

【第五紙】

也秦漢置丞相九卿之官以治萬機其
後天子不能與公卿造事外之而置尚
書又外之而置中書轉相重累稍執機
事制百官之本公卿之職遂輕則古體
矣又有兵士而封侯者古之尊貴者以
職大故貴今列侯無事未有無職而空
貴者也世衰礼廢五等爵之故有賜爵
封侯之賞既公且侯共其制今有卿相
之才居三公之位脩其治政以安宗國

之才居三公之位脩其治政以安寧國
家未必封侯也而今軍政之法斬一牙
門將者封侯夫斬一將之功孰與安寧
天下也安寧天下者不爵斬一將之功
者封侯失封之賞意矣夫離古意制外
內不壹小大錯貿轉相重累是以人執
異端窺欲無極此治道之所患也先王
置官各有分職使各以其屬達之於王
自己職事則是非精練百官奏則下情

自已職事則是非精鍊百官奏則下情
不塞先王之道也　政略
夫有不急之官則有不急之祿國之蠹
賊也明主設官使人當於事人當於事
則吏少而民多民多則歸農者衆吏少
則所奉者寡使吏祿厚則養足則無求
於民無求於民則姦軌息矣祿足以代
耕則一心於職一心於職則政理政理
則民不擾民不擾則不亂其農矣養生

【第六紙】

則民不擾民不擾則不亂其農矣養生
有制送終有度嫁娶賓享皆有分節衣
服食味皆有品衰明設其禮而嚴其禁
如是則国無違法之民財無無用之費
矣此富民之大略也非先王之法不
得行非先王之法言不得道名不可以
虚求貴不可以偽得有天下但能知所
去就矣本行而不本名責義而不責功
行莫大於孝敬義莫大於忠信則天下

行莫大於孝敬義莫大於忠信則天下
之人知所以措身矣此教之大略也夫禮
設則民貴行分明則事不錯民貴行
則所治寡事不錯則下靜寡所治富民致
治之道也禮重而刑輕則士勸愛施而
罰必則民服士勸則忠信之人至民服
則犯法者寡德全則教誠教誠則感神
行誅則著之厚之則流遠尚義則同利
者相覆尚法則貴公者相之列之則無

【第七紙】

者相覆尚法則貴爵者相〻刻〻則無恩
親相覆則無跡積禮則政平〻則民誠
設術則政險則民爲此禮義法術之
情也　論兵　夫爲政兵之道可思
而更也兵者存亡之機一死不可復生
也故曰天下難事在於兵今有人於此
力舉重鼎氣蓋三軍一怒而三軍之士
皆震世俗見若人者謂之能用兵矣然
吾觀之此亡國之兵也夫有氣者志先

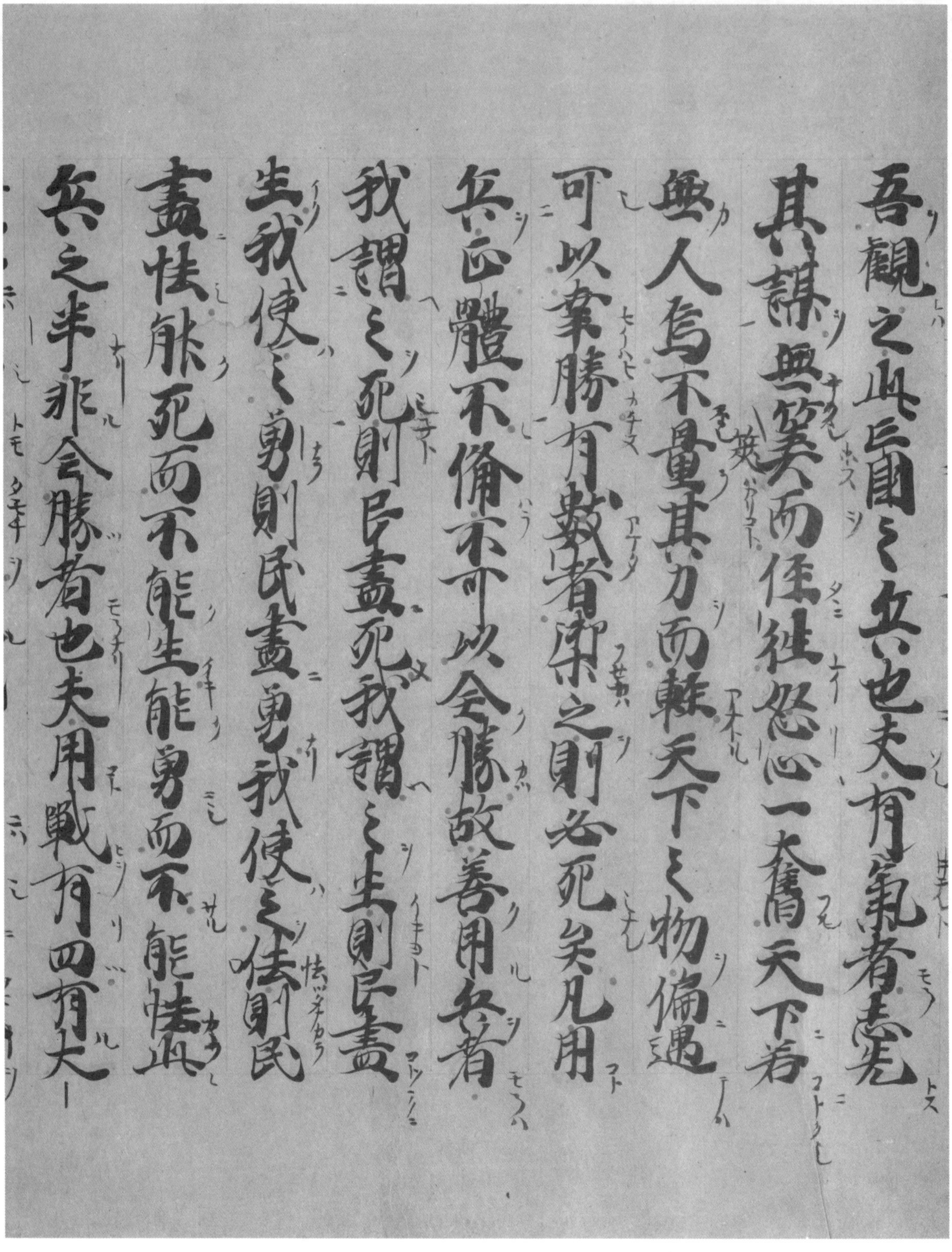

吾觀之此臣聞〻兵也夫有氣者毒也
其謀無筭而任徑怒心一奮天下若
無人焉不量其力而輕天下〻物偏遇
可以奪勝有數者禦之則必死矣凡用
兵正體不備不可以全勝故善用兵者
我謂〻死則民盡死我謂〻生則民盡
生我使〻勇則民盡勇我使〻怯則民
盡怯能死而不能生能勇而不能怯
兵之半非全勝者也夫用戰有四有大

兵之半非全勝者也夫用戰有四有大
體者雖與持久有威刑者雖與爭險
善者待之以重善任勢者求之以堅用
兵能使民堅重者則可與之赴湯火可
與之避患雖進不可詭退不可追所在
而民安盡地而守固雖聞不能入權譎
不能設也堅重者備物者也備物者無
偏刑無偏刑故其變無不之也故禮與
法首尾也文與武本末故禮正而後法

【第八紙】

法首尾也文與武本末故礼正而後法
明文用而後武法故用兵不如先為政
則臣國之兵也用人有四一曰以初業期
之二曰與天下同利三曰樂人之勝
己四曰因才而處任以功業期之則人
盡其能與天下同利則民樂其業樂人
勝己則下無隱情因才擇任則衆物備
舉人各有能有不能也是以智者不以
一能求衆善不以一過掩衆美不責小

一能求衆善不以一過掩衆美不遺小
類不弃小力故能有爲也夫治天下有
其所以行之在一一者何也曰公而已
矣故公者所以攻天下之邪屏讒慝之
萌兵者傾危之物死生之機一物不至
則衆乱興矣故以仁聚天下之心以公塞
天下之隙心心而隙塞則民專而可
用矣公心明故賢才至一公則萬事通
一私則萬事閉兵者死生之機也是故

【第九紙】

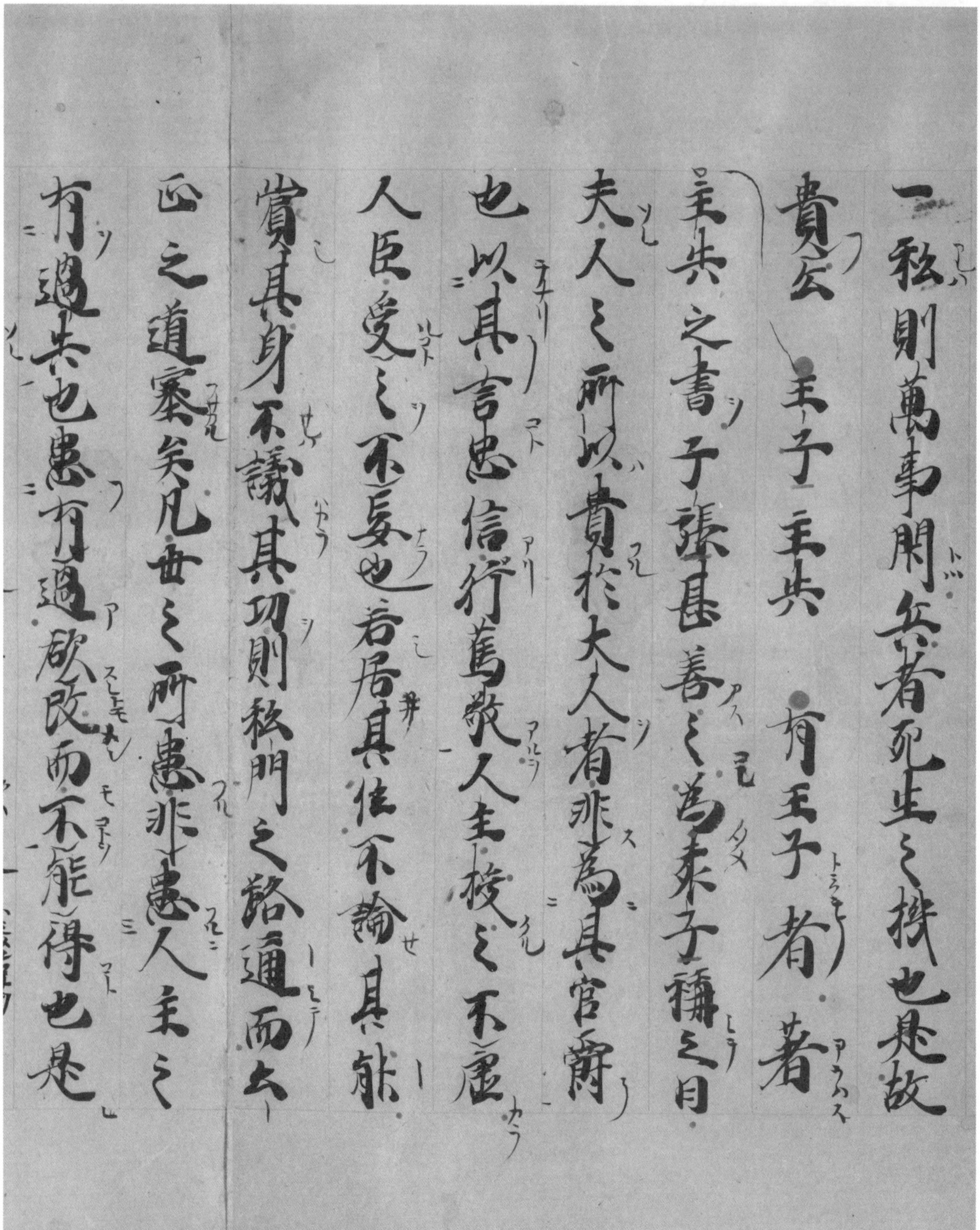

一私則萬事閉矣者死生之機也是故
貴公　王子〻兵　有王子者著
王兵之書子張甚善之為來子稱之曰
夫人之所以貴於大人者非為其官爵
也以其言忠信行篤敬人主授之不虛
人臣受之不妄也若居其位不論其能
賞其身不議其功則私門之路通而公
正之道塞矣凡世之所患非患人主之
有過失也患有過欲改而不能得也是

有過失也患有過欲改而不能得也是何也夫姦臣之事君因欲苟從其心夫物未有無似象似象之言浸潤之譖非明者不能察也姦臣曰以似象之言而為之容説人主不能別也是而惑之或乱其心舉動日繆而常自以為得道此有國之常患也夫佞邪之言柔順而有文忠臣之言簡直而多逆使忠臣之言是也人主固弗快之矣今姦臣之言已

也人主固弗快〻矣今姦臣〻言已
擠於人主不自以為非忠臣以逆迕〻
言說之人主方以為誣妄何其言〻見
聽哉是以大者刳腹小者見殺忠臣涉
危死而言不見聽姦臣饗榮利而言見
悅則天下奚歸夫危死而不用去夫榮
樂而見聽哉故有被髮而為狂有竄伏
於堀穴山古今〻常也凡姦臣者好為
難成〻事以傲幸成功之利而能先得

【第十紙】

難成之事以徼幸成功之利而能先得
人主之心上之人不能審察而悦其巧
言則見其賞而不見其罰矣為人臣
有禮未必尊無礼未必卑則姦臣知所以
事主矣雖有今日之失必知明日所以復
之塗也故人主賞罰一不當則邪人
為巧滋生其為姦滋甚知者雖見其非
而不敢言為將復用之夫先王之道遠
而難明當世之法近而易知凡人莫不

而難明、當世之法、近而易知、凡人莫不
違其疏而從其親、見其小而闇其大、今
賢者固遠主矣、而親遠而難明之物、姦
人固近主矣、而親近而易知之理、則忠
之言美辭而得達哉、故主蔽於上、姦
成於下、國亡而家破、五子胥為吳破楚、
令闔閭霸、及夫差立、鷄之而浮之江、樂
毅為燕王破強齊、報大恥、及惠王立而
驅逐之、夫二子之於國家、可謂有功矣、

【第十一紙】

駈逐之夫二子之於國家可謂有功矣
夫魏惠王足以知之矣然猶不免於危
死者人主不能常明而忠邪之道異故
也又況於草茅孤遠之臣而無二子之功
涉姦邪之門經傾險之塗欲其身
達不足難哉今人雖有子產之賢而無
子皮之舉有解狐之懇而無祁奚之道
亦何由得遠而進用哉故有祁奚之真（有子皮之聽）
而無宣子之聽有子皮之賢而無當國

而無宣子之聽有子皮之賢而無當國
之權則雖荊山之璞循且見瓦耳故有
管仲之賢有鮑叔之交必遇桓公而後
達有陳平之智有無知之交必遇高祖
而後聽桓公高祖不可遇雖有二子之
才夫奚得用哉
恃門戶之閉以禁盜者不知明其刑也
明其刑不如厚其德也故有教禁有刑
禁有物禁聖人者兼而用之故民知恥而

禁有物禁聖人者貴而用之故民知恥而
無過行也不能正民惡心而欲以刀鋸禁
其外雖日刑人於市不能制也明者
知不制之在於本故退而脩悳爲男
女之禮妃匹之合則不淫矣爲廉恥之
教知足之分則不盜矣以賢制爵有民
悳厚矣故聖人貴恒恒者悳之固也聖
人久於其道而天下化成未有不恒而
可以成悳無悳而可以持久者也

【第十二紙】

可以成悳無悳而可以持久者也
用賢　治國有四一曰尚悳二曰考
能三曰賞功四曰罪罰四者明則國治
矣夫論士不以其悳而以其舊考能不
以其才而以其久求下之責上不可
得也賞可以勢求罰可以力避而求下
之無姦不可得也為官長非苟相遇也
治天下也用賢非以役之尚悳也行之
以公故天下歸之故明王之使人有五

以公故天下歸之故明王之使人有五
一曰以大體期之二曰要其成功三曰
忠信不疑四曰至公無私五曰與天下
同憂以大體期之則臣自重要其成功
則臣勸懼忠信不疑則臣盡節至公無
私則臣盡情與天下同憂則臣盡死夫
唯信而後可以使人昔者齊威王使章子
將而伐魏人言其反者三威王不應
也自是之後爲齊將者無有自疑之心

【第十三紙】

也自是之後爲曆將者無有自疑之心
是以兵彊於終始也唯君子爲能信一
不信則終身之行廢矣故君子重之漢
高祖山東之匹夫也無有咫尺之土十
室之聚能任天下之智力舉大體而不
奇故王天下莫之能禦也項籍楚之世
將有重於巳橫行天下然而卒死東城
者何也有一范增不能用意忌多疑不
信大臣故也寛則得衆用賢則多功信

信大臣故也寬則得衆用賢則多功信則人歸之
撓逆　孔子曰為上不寬吾何以觀之哉
之苛政甚於猛虎詩人疾掊克任是
以聖人體意居簡而以虛受人夫有意
詩箋曰曾是掊克傳云掊克自伐好勝人也
則讓讓則能讓虛則寬寬則愛物毋俗
以外刻為能以苛察為明以忌諱為深
三物者其則國危矣故禮法欲其簡
禁令欲其約事業欲其希簡則易明約

禁令歟其紛事業歟其希簡則易明紛則易從希則有功此聖賢之務也漢高祖山東之匹夫也起兵之日天下英賢奔走而歸之賢士輻湊而樂爲之用是以王天下而莫之能爭唯其以簡節寬大受天下之物故也是故寬則得衆虛則受物信則不疑不忌諱則下情達而人心安夫高祖非能舉必當也唯以其心曠故人不疑況乎以來去處物而以聰明

老子經注曰忌諱者防禁也

【第十四紙】

矌故人不疑況乎以至公履物而以聰明
治人乎堯先親九族文王刑于寡妻
物莫不由內及外由大信而結由易簡
而安由仁厚而下親今諸侯王國之制
無一成之田一旅之衆獨坐空宮之中
臣莫見其面其所以防禦之備甚於仇
讎內無宗族之輔外無藩屏之援是以
兄弟無睦親之教百姓無光明之高樂
薄之俗興忠厚之禮衰故有不親疏者

薄之俗興忠厚之礼衰近者不親遠者
不附人主孤立於上而本根無庇蔭之
助此天下之大患也聖人者以仁義為
本以大信持之根深而基厚故風雨不
不傾伏
能杌也
貴公　治國之道萬端所以行之在
一々者何曰公而已矣唯公心而後可
以有國唯公心可以有家唯公心可以
有身々也者為國之本也公也者為身

【第十五紙】

有身〻也者為國〻本也久也者為身
之本也夫私人之所欲而治之所甚惡
也欲〻為國者一不欲為國者一不欲為
國者万凡有國而以私臨之則國分為
萬矣故立天子所以治天下也置三公
所以佐其王也觀事故而立制贍民心
而立法制不可以輕〻重〻即頗非法
不可以私倚私倚即姦起古之人有當
市繁之時而竊人金者人問其故曰吾安

市繁之時而竊人金者人問其故曰吾安
徒見金不見人也故其愛者必有大迷
宋人有子甚醜而以勝曾上之美故心倚
於私者即所知少也乱於色者即目
不別精粗洗於聲者則耳不別清濁偏
於愛者即心不別是非是以聖人節欲
去私故能與物无忤與人無爭也明主
知其然也雖有天下之大四海之富而
不敢私其親故百姓超然背私而向公

不敢私其親故百姓超然背私而向公公道行即邪利無所隱矣向公即百姓之所道者一向私即百姓之所道者万向公則明不勞而姦自息一向私則繁刑罰而姧不禁故公之為道言甚約而用之甚博

治乱

治国之要有三一曰食二曰兵三曰信三者国之急務存亡之機明主之所重也民之所惡者莫如死豈獨

【第十六紙】

之所重也民之所惡者莫如死豈獨
百姓之心然唯堯舜亦然民困衣食死餓
將而望其奉法從教不可得也夫唯君
子而後能固窮故有國而不務食是責
天下之人而為君子之行也伯夷饑死於首
陽下之人而為君子之行也伯夷饑死於首陽
之山傷性也管仲分財自取多傷義也夫
有伯夷之節故可以不食而死有管仲之
才故可以不讓而取然死不如生爭不如

才故可以不讓而取鬭死不如生爭不如讓故有民而國貧者則君子傷道小人傷行矣君子傷道則教虧小人傷行則姦起夫民者君之所求用也民富則所求盡得民貧則所求盡失用而不得故無旅兵求而皆失故無興國明主知爲國之不可以不富也故率民於農富國有八政一曰儉以足用二曰時以生利三曰貴農賤商四曰常民之業五曰出入有度六曰以貨均財七曰抑談說

【第十七紙】

五曰宮室有度六曰以貨均財七曰抑談說
之士八曰塞朋黨之門夫儉則能廣騁則農
貴農則穀重賤商則貨輕有常則民盡有
度則不散貨布則并兼塞抑談說之士則
百姓不淫塞朋黨之門則天下歸本知此八
者國雖小必王不知此八者國雖大必亡凡上
之所以能制其下者以有利權也貧者能
富之之謂利有罪者能討之之謂權今爲
國不明其威禁使刑賞利祿壹出於己則

国不明其威禁使刑賞利祿壹出於己則
国貧而家富離上而趣下矣夫處至貴之
上有一国之富不可以不明其威刑而
納玄寶之言此国之所以治乱也至貴者
人尊之至富者人取之以明君不敢恃
其尊以道為尊不敢恃其族以法為族親
道不親人故天下皆親也愛義不愛近故
万里為近也天下同道萬里一心是故以人
治人以国治国以天下治天下聖王之道

治人必因治国以天下治天下聖王之道
也凡有国者患在壅塞故不可以不公患
在虛巧故不可以不實患在詐僞故不
可以不信三者明則国安三者不明則国
危苟功之所在雖疏遠必賞苟罪之所在雖
親近必罰雖貴無所憚其肆左右無所開
其說君子卿大夫其敬懼如布衣之處故
百姓蹈法而無徼幸之心君制而臣從令行
而禁止壅塞之路閉而人主安大山矣夫

【第十八紙】

而禁凶壅塞之路閉而人主安太山矣夫
礼者所以正君子也法者所以治小人也
治在於君子功在於小人故為国而不
以礼則君子不讓制民而不以法則小人
不懼君子不讓則治不立小人不懼則功
不成是以聖人之法使貴賤不同礼賢愚不
同法與法者誅有罪者罰爵位以其才
行不討本末刑賞以其功過不討輕重言
出於名實行出於法理是以百姓樂義

【第十九紙】

由於名實行於法理是以百姓樂義
不敢爲非也太上使民知道其次使民知其
下使民不得爲非使民知道者德也使民知
心者義也使民不得爲非者威禁也威禁者
賞罰行刑罰之謂也此三道者治天下之
具也欲王而王欲霸而霸欲强在人主所志之也
損益　夫服物不稱則貴賤無等於是
賈商ー也　富者踰侈貧者不及小人兼君子之服商賈
豎僮僕未冠者也　豎襲鄉士之服被文繡佩銀黄重门而玉食

豎（僮僕未冠者也）

豎褻卿士之服被文繡佩銀黃重門而玉食其中左右叱咄頤指而使是故有財者光榮無財者卑辱上接卿相下雄齊民珍寶旁流而刑放於賄下而法侵於無辜乎

世治天地之道貴大聖人之道貴寬無分寸之曲至直也以是繩之則工不足於財矣無纖分之短至善也以是觀之則人主不足於人矣故凡用人者不求備於一人桓公之霸威也知之矣夫有近會者無遠期

【第二十紙】

以之寡威也知之矣吏有道會者無遠期
今之為法曰選舉之官不得見人曰以絕請
託也吏處深宮之中而選天下之人以為
明矣從而知之吏交接人之道不可絕也故
聖人求所以治交而不求絕交人莫同不
交以人禁人足以託禁託也先王之用人
不然不論貴賤不禁交遊以息庶爵以
能庶官以功庶祿其賞罰討以待其歸雖使之
遊誰敢離道哉

賞

遊辨敢離道哉

刑法

礼法明則民無私慮事業專則民無邪偽百官具則民不要功故有國者爲法欲其正也事業欲其久也百官欲其常也天下之事以次爲爵祿以次進士君子以精息顯夫息有次則行循官有次則靜事有次則民安農夫思其疆畔百工思其規矩士君子思其悳行群臣百官思其分職上之人思其一道侵官無所由離業無所至矣

【第二十一紙】

之人思其一道優官無所由離業無所至矣
然故天下之道正而民壹夫變化者聖人之
事也非常者上賢之任也此入於權道非賢
者之所窺也才非首明而好爲異事者亂
之端也是以聖人甚惡奇功天下有赦之心
而無可赦之心而無可赦之罪明主之不赦
有可赦之罪
罪非樂赦而惡生也以爲樂生之實在於此
物也夫思可赦之法則法出入法出入則姦
邪得容其議姦邪得容其議則法日亂化

邪得容其議姦耶得容其議則法日亂化
罪者多而私議並興則雖欲無赦不可已夫數
賞則賢能不勸數赦則罪人徼幸明主知
之不爲也夫可赦之罪千百之一也得之於一
而傷之於万治道不取也故先王知赦罪不
可爲也故所愛惠盡斷之於法務求刑以盡
法而不求可赦之法也法立令行則民不犯
法之不立令不行則民多觸死故日能殺而
後能生能斷而後仁立國之治亂在於定法

【第二十二紙】

後能生能断而後仁立国之治乱在於定法
定法則民心定移法則民移法者所以正
之事者也一出而正再出而邪三出而乱
法出而不正是無法也法正而不行是無
君也是以明君將有行也必先求之於慮
先定而後書之於策言出而不可易也
令下而不反也如陰陽之動如四時之行如
風雨之施可至而化所育而長天之不
可違者時也君之不可違者法也使四時而

可逆者時也君之不可逆者法也使四時而
可逆則非天也法令而可違是非君也今
有十人彍弩於百步之衆未有不震怖
（彍古鑊反張也說文滿弩也）
者也夫十矢之不能殺百萬人可知也然
一軍皆震者以爲唯無向則已向中必死
也明君正其禮明其法嚴其刑持滿不發
以牧萬民犯禮者死逆法者誅毫毛不信
刑無不必則暴亂之人莫敢試矣故中人
必死一矢可以懼万人有罪必誅一刑可

無死一矣可以懼万人有罪無誅一刑可
以以禁天下是以明君重法慎令
人主
人主莫不欲得賢而用之而所
用者不免於不肖莫不欲得姦除之而不
除者不免於罰賢若是者賞罰之不當
任使之所由也人主之所賞非不謂其不
可賞也無以爲當矣人主之所罪非以爲
可罰也無以爲信矣智不能見是非之
理明不能察浸潤之言所任者不無智所

【第二十三紙】

理明不能察浸潤之言所任者不必智所用者不必忠故有賞賢罰暴之名而有戮賢養姦之實此天下之大患也

致賢

雖有離婁之目不能兩視而明夏曠之耳不能兩聽而聽仲尼之智不能兩慮而察夫以天下之至明至智猶不能兼聽而俱存之而況於凡人乎故以雖至明有所不知以目雖凡人無所不得故善學者假先王以論道善自者借外智以接

學者假先王以論道善自者借外智以接
物故假人之目以視美適夫兩見假人之耳
以聽美適夫兩聞假人之智以慮美適夫兩
察故夫處天下之大道而智不窮興天下
之大業而慮不竭惣群言之類而口不
勞兼聽古今之辯而志不倦者其唯用賢
乎
明賞罰　夫干祿者唯利所在智足以取
當世而不能日月不違仁當其用智以索

【第二十四紙】

當世而不能日月不違仁當其用智策
世賢者有不如也聖人明於此道故張仁義
以開天下之門抑情偽以塞天下之戶相
賞罰以隨之賞足榮而罰可畏智者知
榮辱之分至是故勸善之心生而不軌之
姦息賞一人而天下知所從罰一人而天下
知所避明開塞之路使百姓曉然知軌跡之
所由是以賢者不憂知者不懼干祿者不
邪是故仁者安仁智者利仁畏罪者強仁天

邪是故仁者安仁智者利仁畏罪者強仁天
下盡爲仁明法之謂死者含刑甚愚也殺
人者仁人之所不忍也人之於利欲有兆
死罪而爲之先王制肉刑人之體傷膚
去樂害苦而行之者不得已也刑不斷則不
威避親貴則法日弊如是則姦不禁而犯罪
者多惠施一人之身而傷天下生也聖人討
之於利害故行之不疑是故刑殺者乃愛人
之心也聽法而行之故天下明其仁也雖貴

之心也沸泣而行之故天下明其仁也雖貴
重不得免故天下知其断也仁見故民不惡
断之下不犯聖王之所以禁姦也先王制爲
八議赦宥之差断以三槐九棘之聽服念
五六月至于旬時金正義也而後断之仁心
如此之厚故重刑可爲也

【第二十五紙】

抱朴子　葛洪

酒誡　抱朴子曰目之所好不可從也耳
之所樂不可不愼也鼻之所喜不可任

之所樂不可不慎也鼻之所喜不可任
也口之所嗜不可隨也心之所欲不可恣也
故惑目者必逸容鮮藻也惑耳者必妍音
淫聲也惑鼻者必茝蕙芬馥也惑口者必珍
羞嘉旨也惑心者必勢利功名也五者畢惑則
惑萊之禍爲患者耳不亦信哉是以其抑情也
劉乎隄防之備決其抑性也過乎腐壞之索
奔故能內保永年免疊累也夫酒醴之近
味生病之毒物無寡鋒之細蓋有丘山之巨

【第二十六紙】

味生病之毒物無豪鋒之細益有丘山之巨
損君子以之敗悳小人以之速罪耽之惑之
尠不及禍世之士大夫亦知其然既莫能絶又
不肯節縱口心之近欲輕召災之根原似熱
腸之恣給雅適己而身危小大乱喪亦同
非然而俗人是酣是湎其初筵也抑抑濟濟
言希容整詠湛露之厭厭歌在鎬之愷樂
舉分壽之觴誦温克之義日未移晷體輕
耳熱流離海螺之器並用滿酌罰餘之令

耳熱流離海螺之器並用滿酌罰餘之令
遂急醉而不出授轄於井於是口涌鼻溢
濡首及亂屢舞僊僊舍是座遷載號載呶
如佛如羹或爭鬥尚勝或噎噎獨笑或無對
而談或嘔吐机筵或顛蹙梁倡或冠脫帶
解貞良者流華督之顧眄怯愞者效慶踊
而魚躍口訥於寒暑者皆撫掌以諧聲謙卑
而不競者悉禪瞻以高交廉恥之儀毀而蕪
錯之疢發榻茸之性露而徹根之能出

酗 許具反 說文酒曰酗 醟 于命反 酗醟也

錯之痰發掊茸之性露而徹根之態出
精濁神乱臧否顛倒或奔車走馬赴阬谷而
不憚以九折之坂為蟻封也或登危蹋頹雖
隨墜而不覺以呂梁之淵為牛迹也或肆忿
於器物或酗醟於妻子加枉酷於臣僕用剡
鋒乎六畜熾火烈於室廬逞威怒於路人
加暴害於士友褻嚴主以夷戮者有矣犯
而人而受困者有矣言雖尚辭煩而叛理
拜伏徒多而非敬臣子失礼於君親之

拜伏徒跣而非敬臣子共礼於君親之前幼賤悖愓於老宿之座謂清談為詆詈以忠告為侵己於是白刃抽而忘思難之慮棒杖叢集而因顧乎先厚攀淚血之讎招大辟之禍以少陵長則邦黨加重責矣侮人父兄則子弟將推刃矣發人所諱則壯士不能堪矣計數深刻則醒者不能恕矣起眾患於須臾結百痾於膏肓奔駟不能追既往之悔思改而無自反之蹊蓋知者所深防

【第二十八紙】

徙之悔思改而無自反之蹊蓋知者所深防
而庸人所不免也其為禍敗不可勝載然
而歡集莫之或割舉白盈耳不論能否
斛歷當於小餘以稽遅為輕己傾注於
所敬慇懃變而成薄勸之不持觴之不盡惡
色醜音所由而發也夫風經府藏使人惚怳
或愚斯疾莫不憂懼吞苦忍痛欲其速
愈至於醉〻病性何異於茲而獨居客以逃
風不能割情以節酒若畏酒如畏風憎醉如

512　511　510　509　508　507　506　505　504

喩
又作吸
許乃又久

風不能割情以節酒若畏酒如畏風憎酔如
憎病則荒流之咎塞而流連之失亡矣夫風之
為病猶展攻治酒之為変在乎呼翕及
其悶乱若存若亡視泰山如弾丸見蒼海
如盤盂仰嚾天墮俯呼地陥卧待虎狼投井
赴火而不謂悪也夫用身之如此亦安能惜
敬恭之礼護喜怒之失哉昔儀狄既疏大禹
以興糟丘酒池辛癸以亡豊侯得罪以戴樽
衛不盃景升荒壊以三雅之爵趙武之失衆子

銜盃景升甚壞以三雅之爵趙武之失衆子反之誅戮灌夫之夷族季布之疏斥子建之免退徐邈之禁皆是物也世人之好之樂之者甚多而戒之畏之者至少彼衆我寡良箴安施且願君子節之而已

疾謬

抱朴子曰世故繼有禮教漸頹敬讓莫崇傲慢成俗儔類飲會或蹲或踞暑夏之月露首袒體盛務唯在樗蒲彈棊所論極於聲色之間擧口不離綺襦紈袴之側游步

【第二十九紙】

論極於聲色之間舉足離綺襦紈袴之側游步
不去勢利酒客之門不聞清言講道之言專
以醜辭嘲弄為先以如此者為高遠以不爾者
為騃野於是馳逐之庸民偶俗之近人慕
之者猶宵蟲之赴明燭學之者猶輕毛之
應飆風嘲戲之言或上及祖考或下逮婦女
往者務其深焉報者恐不重焉唱之者不
慮見答之後患和之者恥於言輕之不塞以
不應者為拙劣以先止者為負敗如此交惡

不應者爲拙劣以先止者爲負敗如此交惡
之釁焉得嘿哉其有才思者之爲之也猶善
於依因機會言微理舉雅而可笑中而
不傷若不能控拙者之爲之也則枉曲直湊使
人愕然妍之與蚩其於宜絕豈唯無益而
已哉乃有使酒之客及於難侵之性不能
堪之拂衣拔棘而手足相及醜言加於所尊
歡心變而成讎絕交壞厚搆隙致禍以杯
螺相擲者有矣以陰私相訐者有矣有陳

【第三十紙】

累相攀者有矣以隱私相訐者有矣背陳
靈之被矢灌氏泯之族匪降自天口實爲
之樞機之發榮辱之主三緘之戒豈欺我
哉激電不能追既往之辭駟輪不能磨斯言
之既玷雖不能三思而吐情談猶可息譏誚
以杜釁萌也延而述謗者無自見之明觸情
者諱逆耳之規疾義而無直高之鍼艾群
惑而無相南以自反諂媚小人歡笑以贊
善面從之徒拊節以稱工益使惑者不覺

善面從之徒樹節以稱工益使惑者不覺
其非自謂有端晏之捷過人之辯而不寤斯
乃招患之旌名害之符也豈徒減其美
之令聞彰其設世之惡者而已哉然敢
為此者非必篤頑也率多冠蓋之後勢援
之門素頗力行善事以竊虛名々既粗立
本情便放或假財色以交權豪或因時運
以叨榮位或以婚姻而成貴戚或弄毀譽
以合威柄器盈志溢態發病出黨成交廣

以合威柄器盈志溢態發病出黨成文廣
道遍步高情論所不能復制繩墨所不能
復彈遂成鷹頭之翫廟垣之亂所未及者
則低眉掃地以奉望之其下者作威作福
以鞚御之故勝己者則不得聞ゝ亦陽不
知也減己者不敢言ゝ亦不能禁也
刺驕　　蓋勞讓屈己則附之者衆驕慢
倨傲則去之者多未附之者衆則安之者微
也去之者多則危之診也在亡之機於是乎

【第三十一紙】

也去之者夕則范之誅也昨臣之操於是乎
在輕而為之不亦蔽哉自尊重之道乃
在乎己貴下賤卑以自牧也非此之謂乃
衰薄之弊俗膏肓之廢疾安共為之可悲
者也不脩善事即為惡小人紂為無道見
稱獨夫仲尼倍臣謂為素王即君子不在
乎富貴矣今為犯禮之行而不喜聞遄死
之譏是負豕而憎人說其臭投泥而譏人
言其汙也夫節士不能使人敬之而志不

言其汙也夫節士不能使人敬之而志不
可奪也不能使人不憎之而道不可屈也
不能令人不辱之而榮在我也不能令人不賞之而操
不可改也故分定計決勸沮不能干樂天
知命憂懼不能入困瘁而益堅窮否而不拔
誠能用心如此者亦安肯草靡薪斂體之
刑弃者之刑為敗俗之傷破人倫亂於殺
賊之來不能久其刑損操一時而已若夫貴
門子孫及在位之士不惜典刑而背科頭

【第三十二紙】

門子孫及在位之士不惜典刑而皆科頭
體踞見賓客既辱天官又移染庸民後生
晩出見彼或已經清資或叨竊虛名而躬自
為之則凡夫便謂立身當世莫此之為美也夫
守礼防者苦且難而其人多窮賤焉恣驕放
者樂且易而為者皆速達焉於是俗人莫不
委此而就彼矣世間或有少無清白之操業
長以買官而富貴或亦其所知足以自飾也
其黨與足以相引也而無行之子便指以為

其黨與足以相引也而無行之子便指以爲
證曰彼縱情恣欲而不妨其赫奕矣勅身
履道而不免於貧賤矣而不知榮顯者有
幸而頓淪者不遇皆不由其行也

博喻　抱朴子曰民財匱矣而求不已下
力極矣而求不已下力極矣而役不休
欲怨歎之不生規其窮之惟求猶斲根以
續枝割背以裨腹刻目以廣明割耳以開
聰也

聰也

抱朴子曰法無一定而慕權宜之隨時功不
倍前而好屢變以偶俗循剸髙馬以適卑
車削跗踝以就褊履斮長劍以赴短鞞部
尺璧以納促匣也
抱朴子曰禁令不明而嚴刑以靜亂廟筭
不精而窮兵以侵隣猶釤禾以討蝗虫伐木
以殺蠹蝎減食以中蚤虱撤舍以逐雀鼠也
廣譬
抱朴子曰三辰蔽於天則清景

【第三十三紙】

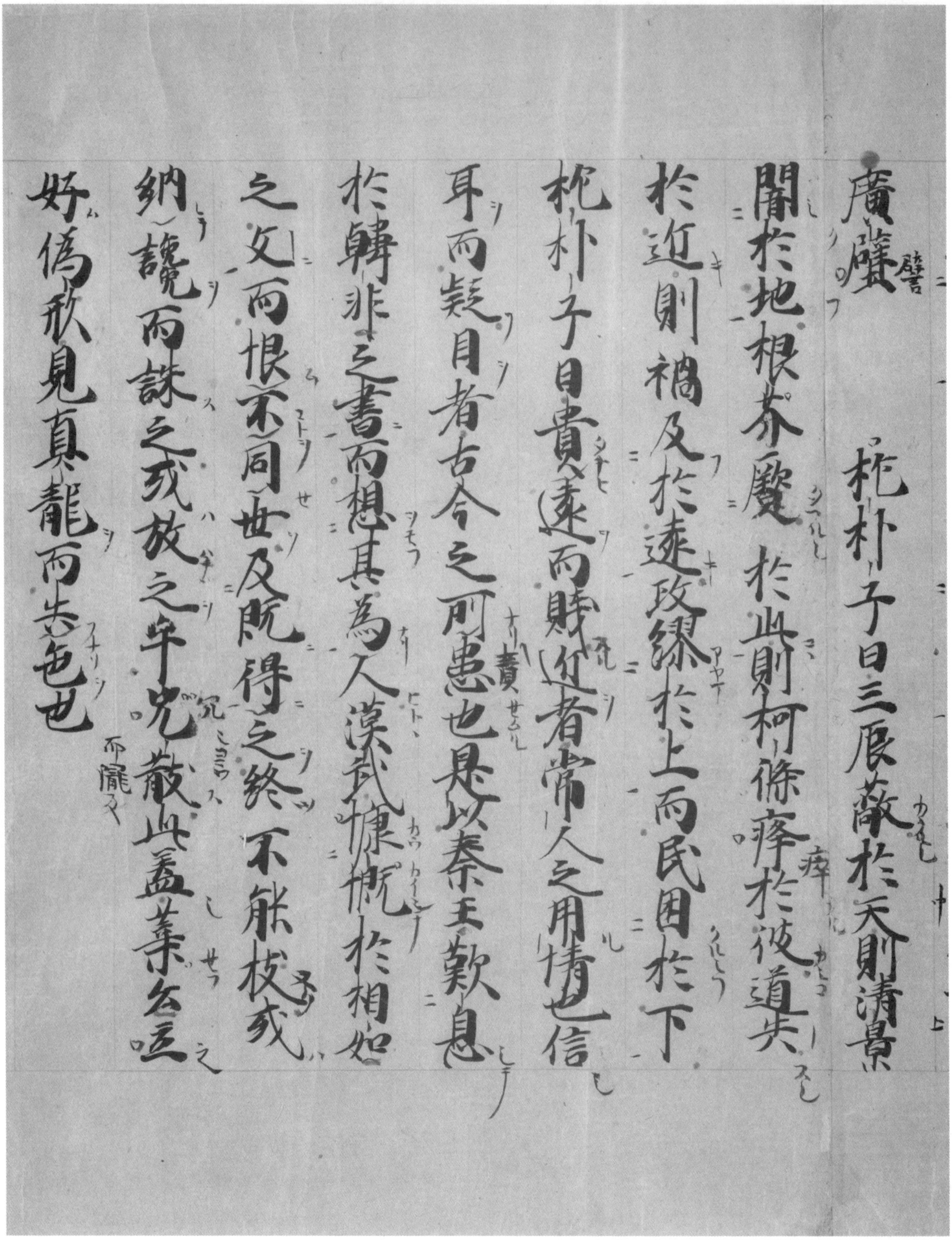

廣譬　抱朴子曰三辰蔽於天則清景
闇於地根荄蹷於此則柯條瘁於彼道失
於近則禍及於遠政繆於上而民困於下
抱朴子曰貴遠而賤近者常人之用情也信
耳而疑目者古今之所患也是以秦王歎息
於韓非之書而想其爲人漢武慷慨於相如
之文而恨不同世及既得之終不能拔或
納讒而誅之或放之乎宂散此蓋葉公之
好僞形見眞龍而失色也

好僞形見眞龍而失色也

群書治要卷第五十

文應改元之暦應鐘上旬之候清家
耆儒自北地上洛蓋見及六旬之後加五
傳之業雖云面目不得點正爲進上草
命勘文點可備長途之様行也以之傳
宣依越州使君數命點書畢也者

宜依越州使君教命書中也蓮
華王院寶藏本終校點之功畢
此本之外證傳寫之更無他本點本
云云尤可秘者歟

直講清原（花押）